493

COMPAGNIE GÉNÉRALE DES EAUX

Société Anonyme au Capital de 86.250.000 francs

52, Rue d'Anjou, 52 — **PARIS**

SERVICE DES EAUX

DE LA

VILLE de ST-QUAY-PORTRIEUX

Traité de concession des 28 et 30 Avril 1924

Avenants au traité de concession

Règlement sur les Abonnements

Convention en vue de la gestion du service des égouts

Modèles d'engagement

COMPAGNIE GÉNÉRALE DES EAUX

Société Anonyme au Capital de 86.250.000 francs

52, Rue d'Anjou, 52 — **PARIS**

SERVICE DES EAUX

DE LA

VILLE de ST-QUAY-PORTRIEUX

Traité de concession des 28 et 30 Avril 1924

Avenants au traité de concession

Règlement sur les Abonnements

Convention en vue de la gestion du service des égouts

Modèles d'engagement

TRAITÉ DE CONCESSION

ENTRE LA

VILLE DE SAINT=QUAY=PORTRIEUX

ET LA

COMPAGNIE GÉNÉRALE DES EAUX

ENTRE LES SOUSSIGNÉS :

M. DELPIERRE, Maire de la Ville de Saint-Quay-Portrieux (Côtes-du-Nord), Officier de la Légion d'Honneur, agissant au nom de ladite Ville, à cet effet dûment autorisé par une délibération du Conseil Municipal de Saint-Quay-Portrieux, en date du 11 décembre 1923, dont copie est ci-annexée,

D'UNE PART,

Et M. Édouard GLASSER, Ingénieur au Corps des Mines, Chevalier de la Légion d'Honneur, Directeur Général de la Compagnie Générale des Eaux, Société Anonyme au capital de quarante millions de francs, dont le siège social est à Paris 52, rue d'Anjou, agissant en ladite qualité et en vertu de la délibération du Conseil d'Administration en date du 16 janvier 1924 ci-annexée,

D'AUTRE PART,

Il a été dit et convenu ce qui suit :

ARTICLE PREMIER

Concession de Privilège. Durée de la concession.

Le Maire de la Ville de Saint-Quay-Portrieux concède à la Compagnie Générale des Eaux, qui accepte, le privilège et le droit exclusif d'établir, posséder et utiliser, des conduites d'eau dans le sol des voies publiques du territoire communal, en vue de la distribution des eaux, tant pour le service municipal et les autres services publics, que pour le service des particuliers.

Cette concession est faite et acceptée pour une période de cinquante années environ qui commencera à courir à dater du jour de la mise en service des eaux pour finir le 31 décembre 1974.

ART. 2.

Quantité. Qualité. Pression.

Les travaux de captage, d'amenée et de distribution de l'eau dans la commune, seront exécutés conformément au projet dressé par l'Ingénieur de la Ville, sauf modifications qui seraient adoptées d'un commun accord entre l'Ingénieur de la Ville et la Compagnie Générale des Eaux et après autorisation de l'autorité supérieure.

Qualité : La Compagnie Générale des Eaux distribuera à Saint-Quay-Portrieux l'eau que débiteront :

1° Le captage actuellement utilisé par la Ville de Saint-Quay-Portrieux, sis à Ruello;

2° Le captage, qui va être exécuté par la Compagnie Générale des Eaux, conformément au projet et sous la direction de l'Ingénieur de la Ville, sis à La Froideville.

Si ces eaux ne sont pas reconnues potables par les pouvoirs publics, elles seront traitées par javellisation aux frais et par les soins de la Compagnie Générale des Eaux, avant d'être distribuées dans la Ville. Ladite Compagnie aura la faculté de traiter les eaux par tout autre procédé, après l'avoir fait agréer par la Ville et par le Conseil supérieur d'Hygiène. La javellisation des eaux serait faite par un agent de la Compagnie Générale des Eaux résidant en permanence à Saint-Quay-Portrieux, d'accord avec l'Inspecteur départemental d'Hygiène des Côtes-du-Nord et sous la surveillance des Chefs de service de cette Compagnie résidant à Rennes et à Morlaix.

L'eau javellisée devrait présenter en toutes circonstances les garanties de pureté que le Conseil supérieur d'Hygiène a approuvées en 1914 dans les instructions générales relatives aux eaux d'alimentation.

Un contrôle permanent de la javellisation devrait être exercé par l'Inspecteur départemental d'Hygiène.

Quantité : La Compagnie Générale des Eaux s'engage à fournir au fur et à mesure de la souscription des abonnements toute l'eau nécessaire aux besoins de la Commune, des services publics et des particuliers jusqu'à concurrence de la quantité d'eau que fourniront les captages susvisés sous déduction des pertes en route.

Dans le cas où les captages susvisés ne pourraient plus, compte tenu des pertes en route, suffire aux besoins de la Commune, celle-ci pourrait, à défaut de tout autre accord entre les parties, fournir à ses frais à la Compagnie, rendu dans le réservoir qui va être construit conformément à l'article 6, le surplus des quantités qu'elle jugerait nécessaire pour que la distribution satisfasse à tous les besoins, ces nouvelles eaux devant avoir la même qualité que les eaux des deux captages susvisés. Il est cependant convenu, que si pareille éventualité se produisait pendant les vingt-cinq premières années de la concession, et si, à la fois, à ce moment, la quantité d'eau effectivement vendue par la Compagnie, tant à la Ville et aux services publics qu'aux particuliers, atteignait au cours du troisième trimestre de l'année, trois cents mètres cubes en moyenne par jour (abonnements et excédents), la Compagnie Générale des Eaux participerait, jusqu'à concurrence d'une somme de cinquante mille francs (50.000 fr.) dans la dépense susvisée qu'engagerait la Ville pour faire exécuter par ladite Compagnie les travaux propres à augmenter les disponibilités en eau de la Ville.

Pression : L'eau sera fournie aux abonnés avec la pression qui se trouvera exister dans les conduites, sans que la Compagnie puisse être recherchée à aucun moment, du fait du manque de pression, celle-ci devant résulter des dispositions du projet que la Ville a fait dresser et de l'importance des puisages.

Art. 3.

Remise à la Compagnie Générale des Eaux de terrains et de droits de passage.

La Ville se charge d'assurer à la Compagnie Générale des Eaux, et de négocier, pour le compte de cette dernière, au fur et à mesure que ladite Compagnie le lui demandera, et ce, pendant toute la durée de la concession, l'acquisition des terrains qui seront nécessaires à l'établissement de captages, d'usines élévatoires, de réservoirs et autres installations, intéressant le service d'eau de Saint-Quay-Portrieux, ainsi que l'acquisition des droits de poser, réparer et maintenir sous le sol de voies et terrains privés les conduites qui ne pourraient pas être posées sous les voies publiques.

La Compagnie Générale des Eaux acquittera, jusqu'à concurrence d'une somme totale de quinze mille francs, une fois versée, le montant de tous les prix, loyers, indemnités ou redevances quelconques à payer du fait de ces acquisitions.

Au delà de cette somme, toutes charges, pécuniaires ou autres, résultant de ces acquisitions seront supportées par la Commune qui pourra toutefois demander à la Compagnie d'en faire l'avance aux conditions ci-après :

Les avances ainsi faites par la Compagnie Générale des Eaux pour les causes susvisées seront remboursées par la Commune au moyen d'annuités calculées au taux d'intérêt de 8 % d'après le nombre d'années restant à courir jusqu'à la fin de la trentième année de la concession.

Les acquisitions qui devront être effectuées dans les conditions ci-dessus prévues ne seront réalisées qu'après approbation, par l'autorité supérieure, des engagements à contracter par la Commune en vue du remboursement des avances que la Compagnie aurait à lui faire à cet effet.

Art. 4.

Permissions de voirie.

La Ville donne en outre gratuitement à la Compagnie, pour toute la durée de la concession, toutes permissions de voirie qui pourraient lui être utiles; elle s'oblige en outre à obtenir et transmettre à la Compagnie toutes permissions de grande voirie qui seraient nécessaires, et ce, sans qu'il puisse en résulter aucun frais ni aucune redevance quelconque à la charge de la Compagnie.

Art. 5.

Période d'essai, faculté pour la Compagnie de renoncer au contrat.

Dès l'approbation des présentes par l'autorité préfectorale, et la réalisation des achats de terrains et des autorisations nécessaires, et avant la construction du captage proprement dit, du réservoir et du réseau de distribution, la Compagnie Générale des Eaux entreprendra, sous la direction de l'Ingénieur de la Ville, les travaux destinés à la recherche de l'eau à distribuer pour assurer le service d'eau et procédera à des essais de débit.

Si, à la suite de ces essais, la Compagnie juge que le débit que le captage sera susceptible de fournir pendant l'été est insuffisant, elle aura la faculté de notifier purement et simplement à la Ville, par lettre recommandée, ou acte extrajudiciaire adressé à Monsieur le Maire, qu'elle renonce à la concession, objet des présentes, étant bien entendu qu'en pareil cas la Compagnie conservera à sa charge tous les frais qu'elle aura engagés en vue d'effectuer ces recherches, et tous autres frais quelconques sauf que la Ville lui remboursera, dans un délai de six mois, les frais qu'elle aura engagés pour acquisitions de terrains et de droits de passage, et pour indemnités diverses aux tiers. Dans ce cas la Compagnie restituera les terrains à la Ville dans l'état où ils se trouveront alors, sans pouvoir être tenue d'aucune indemnité, ni pour dépréciation, ni pour remise en état, ni pour aucune autre cause.

La Compagnie Générale des Eaux ne jouira de cette faculté de renonciation qui aura le caractère de condition suspensive, ainsi qu'il sera dit à l'article 20 ci-après, que pendant le délai de trois mois à dater du jour où les essais de débit prévus au premier paragraphe du présent article auront été effectués.

Art. 6.

Travaux à la charge de la Compagnie Générale des Eaux.

Après achèvement des travaux de recherche, et si elle n'a pas renoncé à la concession, comme il est indiqué à l'article 5 ci-dessus, la Compagnie fera, dès qu'elle sera entrée en possession des terrains et autorisations nécessaires, exécuter à ses frais les travaux ci-après :

1º Construction du captage proprement dit, sis à La Froideville conformément au plan ci-annexé et sauf les modifications éventuelles prévues au premier alinéa de l'article 2;

2º Construction d'un réservoir de trois cent cinquante mètres cubes, circulaire et couvert, sis à Saint-Michel (Moulin);

3º Établissement, dans les rues de la Ville, de conduites de distribution représentées par un trait rouge sur le plan ci-joint.

ART. 7.

Raccordement avec les distributions de la région.

En raison de l'intérêt qui en résultera tant pour la Ville que pour la Compagnie Générale des Eaux, la Compagnie aura toute liberté de raccorder la distribution de Saint-Quay-Portrieux aux autres distributions d'eau que la Compagnie pourra établir à toute époque dans la région et qui jouiront des qualités requises pour l'eau de Saint-Quay. Par conséquent, la Compagnie Générale des Eaux aura la faculté, à l'aide des installations des autres communes, de desservir en eau la Commune de Saint-Quay-Portrieux, de même qu'elle pourra alimenter en eau les autres communes en utilisant les installations (captage, réservoir et canalisations) de Saint-Quay-Portrieux.

La Compagnie Générale des Eaux pourra, à toute époque, supprimer ces raccordements, si elle le juge bon, sous la condition que le service des eaux restera assuré, suivant les prescriptions du présent traité.

La Ville, en vue des raccordements ci-dessus, donnera à la Compagnie toutes autorisations de voirie nécessaires, sans aucune redevance. Elle ne pourra, sous quelque prétexte que ce soit, réclamer aucune indemnité du fait de ces raccordements et de l'utilisation temporaire ou définitive des installations faites à Saint-Quay-Portrieux.

ART. 8.

Subvention annuelle de la Commune.

La Commune de Saint-Quay-Portrieux participera aux dépenses d'installation prévues à l'article 6 en versant à la Compagnie Générale des Eaux, pendant les trente premières années de la concession, une subvention annuelle de quinze mille sept cent soixante francs.

Cette annuité courra du jour de la mise en service des eaux. Elle sera payée, pour chaque année, au cours du mois de janvier de l'année suivante. Passé le 31 janvier de chaque année, la somme due pour l'année précédente sera productive, de plein droit, d'intérêts au taux des avances de la Banque de France audit 31 janvier, augmenté de deux pour cent (2 %). La première annuité sera proportionnelle au nombre de jours écoulés entre le jour de la mise en service des eaux et le 31 décembre suivant.

Il est convenu entre les parties que la Ville de Saint-Quay-Portrieux s'engage à racheter l'annuité ci-dessus au fur et à mesure qu'elle sera mise en possession de la subvention qui lui a été accordée par l'État sur les fonds provenant du Paris-Mutuel, à l'effet d'établir sa distribution d'eau.

Si cette subvention ne suffit pas à racheter la totalité de l'annuité, la Ville aura la faculté, quand il lui plaira, de racheter le restant de l'annuité à l'aide des sommes dont elle pourra disposer au cours de la concession. Chaque versement à la Compagnie d'un capital de cent francs libérera la Ville d'une tranche d'annuité de huit francs (8).

Art. 9.

Exonération des droits d'octroi et de voirie.

Il ne sera perçu aucun droit de voirie, ni aucune redevance pour les travaux, quels qu'ils soient, et de quelque nature qu'ils soient, exécutés par la Compagnie.

Il ne sera également perçu aucun droit d'octroi sur les matériaux, quels qu'ils soient et de quelque nature qu'ils soient, nécessaires à la construction et à l'entretien des forages, usines, réservoir, bâtiment ou machine que la Compagnie pourra élever dans la Commune, non plus que sur les tuyaux, matériaux, charbons et ustensiles à y introduire, nécessaires à la pose, l'entretien, la réparation des canalisations quels qu'ils soient, non plus que sur les charbons, huiles, pétroles, coke et autres combustibles et matières nécessaires à l'alimentation ou au fonctionnement des machines, chaudières, etc..., qui pourraient être installés par la Compagnie sur le territoire de la Commune de

Saint-Quay-Portrieux, le tout, qu'il s'agisse ou non d'installations intéressant le service de la Commune de Saint-Quay-Portrieux.

Seront exclus de ce privilège tous les matériaux nécessaires aux travaux à exécuter pour le compte des particuliers.

Toutefois, cette exclusion ne s'appliquera pas aux compteurs dont l'introduction, dans la Commune, ne pourra donner lieu à la perception d'aucun droit.

ART. 10.

Expiration de la concession.

A l'expiration de la concession dont la durée est fixée à l'article premier, la Commune de Saint-Quay-Portrieux deviendra propriétaire, sans avoir à payer à la Compagnie aucune indemnité, de toutes les installations qui desserviront exclusivement son service d'eau proprement dit.

Toutefois, la Ville n'aura aucun droit, ni sur les branchements d'eau et compteurs qui seraient la propriété des abonnés ou de la Compagnie, ni sur les matières en approvisionnement dans les magasins de la Compagnie, ni sur l'immeuble dans lequel seront installés les bureaux, atelier et magasin de la Compagnie, dans le cas où celle-ci ferait à Saint-Quay-Portrieux l'acquisition d'un immeuble au lieu d'en prendre seulement un en location.

ART. 11.

Prix de vente de l'eau aux particuliers et à la Ville.

Les abonnements seront régis par les conditions ci-après :

Les abonnements doivent être souscrits par les propriétaires des immeubles, ou, s'ils le sont par le locataire, ce sera avec l'autorisation et sous la garantie du propriétaire.

Les abonnements seront annuels et payables comme suit à raison d'un quart par trimestre et d'avance :

— Deux cent cinquante litres (250) par jour, pour trente-trois francs soixante-quinze (33,75) par trimestre.

— Cinq cents litres (500) par jour, pour soixante-sept francs cinquante (67,50) par trimestre.

— Sept cent cinquante litres (750) par jour, pour cent un francs vingt-cinq (101,25) par trimestre.

— Mille litres (1.000) par jour, pour cent trente-cinq francs (135) par trimestre.

— Quinze cents (1.500) litres par jour, pour deux cent deux francs cinquante (202,50) par trimestre.

— Deux mille litres (2.000) par jour, pour deux cent soixante-dix francs (270) par trimestre.

— Pour chaque mètre cube en sus et sans fraction de mètre cube, cent trente-cinq francs (135) par trimestre.

L'abonné n'aura droit à aucune réduction sur le montant de l'abonnement souscrit par lui, quelle que soit la consommation. Les abonnements se renouvelleront par tacite reconduction, d'année en année, tant que l'une des deux parties n'aura pas notifié à l'autre, par écrit, en l'avisant trois mois d'avance, son désir de le faire cesser.

Les demandes d'abonnement faites pour un an prendront leur effet aux 1er janvier et 1er juillet de chaque année. Si les abonnements sont mis en service avant l'une de ces deux dates, un décompte d'abonnement, proportionnel à la durée anticipée de l'abonnement, sera établi et payé par l'abonné à l'ouverture de la concession, en même temps que le premier trimestre d'abonnement, et s'il y a des excédents de consommation sur ladite période anticipée, ils seront ajoutés aux excédents du premier trimestre d'abonnement.

Les excédents de consommation constatés seront payés au prix de deux francs (2) le mètre cube; ils seront réglés, chaque trimestre, aux 1er janvier, 1er avril, 1er juillet ou 1er octobre, c'est-à-dire sans qu'on puisse reporter les non consommés d'un trimestre sur un autre.

D'autre part, les excédents d'un trimestre ne pourront dépasser le cube d'eau dû pour ce trimestre en vertu de l'abonnement; si le cube d'eau ainsi alloué pour excédents est dépassé, l'abonné doit souscrire, à première réquisition de la Compagnie, l'abonnement à choisir dans le tableau ci-dessus, et qui sera immédiatement supérieur à la moitié de la consommation journalière moyenne du trimestre où la consommation aura été la plus forte.

La Ville contractera, pour les usages municipaux (y compris bornes-fontaines) de la même manière que les particuliers, des abonnements dont la totalité ne pourra jamais dépasser, y compris les excédents (sauf acceptation spéciale de la Compagnie Générale des

Eaux), cent cinquante mètres cubes (150) par jour. Il lui sera fait un rabais de cinquante pour cent (50 %) sur les prix stipulés pour les particuliers. Si la consommation de la Ville dépasse cent cinquante mètres cubes (150) par jour au cours d'un trimestre quelconque, le surplus au delà des cent cinquante mètres cubes (150) ne bénéficiera pas de la réduction de cinquante (50 %) pour cent et sera payé par la Ville aux conditions et au tarif des particuliers.

Art. 12.

Mode de fourniture de l'eau. Compteurs.
Vente. Location. Entretien.

Tous les abonnements quels qu'ils soient seront desservis au compteur, après signature d'une demande d'abonnement conforme au modèle ci-annexé, mentionnant le volume minimum souscrit par l'abonné, et seront soumis aux clauses et conditions du règlement également annexé au présent traité.

La Compagnie Générale des Eaux aura seule le droit de vendre, de fournir en location et d'entretenir en bon état les compteurs qui seront mis en service dans la Ville.

Systèmes.

Les compteurs seront choisis par la Compagnie Générale des Eaux parmi les systèmes : Étoile, Eyquem et Stella ou parmi tous autres que la Compagnie soumettrait par la suite à l'agrément de la Ville.

Les compteurs seront à la charge des abonnés qui pourront à leur convenance, soit les acheter, soit les prendre en location.

Vente.

Les prix de vente seront ceux des tarifs officiels des constructeurs (c'est-à-dire avec les majorations en cours à l'époque de l'achat).

Location.

La Compagnie Générale des Eaux sera tenue de fournir en location, à l'année, des compteurs moyennant les prix de location par trimestre ci-après :

Diamètre du compteur	12 m/m	15 m/m	20 m/m	30 m/m	40 m/m	60 m/m
Prix de location par trimestre sans entretien.........	5 fr.	6 fr.	9 fr.	11 fr.	23 fr.	35 fr.

Entretien.

Tous les compteurs, qu'ils aient été achetés par l'abonné ou pris par lui en location, seront d'office entretenus à l'année, en bon état par la Compagnie Générale des Eaux, moyennant les redevances trimestrielles ci-après :

Diamètre du compteur	12 m/m	15 m/m	20 m/m	30 m/m	40 m/m	60 m/m
Prix d'entretien par trimestre.....	3 fr. 50	4 fr.	5 fr.	7 fr.	13 fr.	20 fr.

Les contrats de location et d'entretien des compteurs auront la même durée que les abonnements.

Paiements.

Les redevances trimestrielles de location et d'entretien des compteurs seront payables d'avance et en même temps que l'abonnement; elles seront dues par l'abonné pour toute la durée de l'abonnement, quelle que soit la consommation, même si cette dernière était nulle.

Diamètre des compteurs.

Les diamètres et dimensions des compteurs devront être en rapport avec l'importance de la consommation, ils seront déterminés conformément au tableau suivant :

Diamètre du compteur	12 m/m	15 m/m	20 m/m	30 m/m	40 m/m	60 m/m
Maximum de débit journalier du compteur moyenne d'un trimestre....	800 litres	1.500 litres	4.000 litres	12.000 litres	30.000 litres	80.000 litres

Si le débit ainsi indiqué pour le compteur de l'abonné est dépassé, ledit abonné devra acheter ou prendre en location un compteur du diamètre correspondant à la consommation constatée. Si le compteur insuffisant a été surmené, il devra payer la mise en état de cet appareil.

Dégradations accidentelles.

L'entretien par la Compagnie Générale des Eaux des compteurs en location et celui à forfait des compteurs appartenant aux abonnés ne comprennent pas les réparations motivées par un débit excessif, ni celles motivées par la gelée ou par toute autre cause qui ne serait pas la conséquence de son usage. Ces frais seront à la charge exclusive de l'abonné, auquel incombe le soin de prendre les précautions nécessaires pour éviter les accidents dont il s'agit.

Art. 13.

Travaux de branchements et de réparation de branchements.

Les branchements ne pourront être demandés que dans les rues canalisées et dans le cas prévu à l'article 14.

Les branchements seront constitués par un collier de prise en charge fixé sur la conduite de la rue la plus proche de l'immeuble à desservir, un robinet de prise en charge vissé sur ce collier et surmonté d'une bouche à clé en fonte, la longueur du tuyau de plomb nécessaire jusqu'au compteur (les épaisseur et diamètre du tuyau de plomb étant déterminés par la Compagnie). Les branchements en plomb auront un diamètre intérieur minimum de 16 millimètres.

Les travaux d'installation de branchements neufs depuis la conduite publique jusqu'au compteur — de réparation de branchements —

de fouille et de réfection du sol — de pose et de dépose des compteurs en propriété et en location, seront exécutés exclusivement par la Compagnie Générale des Eaux, aux frais de l'abonné. Ils seront payés par ceux-ci aux prix de la Série Centrale des Architectes de Paris, telle qu'elle sera en vigueur au moment de l'exécution des travaux, et par conséquent avec ses majorations s'il y a lieu. La Compagnie fera sur ces prix un rabais de dix pour cent (10 %). Seront également à la charge des abonnés les redevances qui pourraient être exigées par l'État, le Département ou la Ville pour l'établissement ou le maintien des branchements sous la voie publique.

L'abonné restera libre de faire exécuter par des ouvriers de son choix tous autres travaux de distribution situés dans l'intérieur de sa propriété ; après le compteur il ne pourra faire exécuter aucun travail sur le branchement de concession par des ouvriers autres que ceux de la Compagnie ou de l'entrepreneur de la Compagnie.

Les abonnés étant seuls propriétaires, gardiens et surveillants responsables des branchements installés par les soins de la Compagnie Générale des Eaux, celle-ci ne pourra encourir, au sujet de ces branchements, aucune autre responsabilité que celle de la bonne exécution des travaux dont l'entreprise lui est confiée par le présent article.

En outre, la Compagnie Générale des Eaux sera de plein droit absolument déchargée de cette responsabilité d'entrepreneur dès qu'une année se sera écoulée depuis l'exécution des travaux.

Si cependant la Compagnie des Eaux constate sur un branchement l'existence d'une fuite, le branchement sera fermé sans préavis et réparé aux frais de l'abonné comme il est dit ci-dessus.

ART. 14.

Prolongement des canalisations.

Les prolongements de canalisations à faire ultérieurement sous le sol des voies publiques de la Commune de Saint-Quay-Portrieux, en augmentation du réseau contractuel désigné au plan ci-joint, et dans les parties de la Ville qui sont situées à une altitude telle que la Compagnie jugera possible d'y assurer un service régulier, seront exécutés obligatoirement par la Compagnie au fur et à mesure des demandes d'abonnement, à condition que ces abonnements souscrits pour une durée de dix années (10) représentent au moins annuellement vingt pour cent (20 %) de la dépense à effectuer, évaluée suivant les prix courants de la Série Centrale des Architectes de Paris en vigueur au moment de l'exécution des travaux avec ses majorations en cours, et sans aucun rabais. La dépense d'établissement des conduites sera supportée entièrement par la Compagnie. Les abonnements souscrits à ce titre seront toujours assimilés à des ventes d'eau, alors même que certains d'entre eux ne donneraient lieu qu'à des consommations inférieures à l'abonnement nominal, ou même ne donneraient lieu à aucune consommation. La Compagnie des Eaux aura la faculté d'exiger, à titre de garantie du paiement des dix annuités, un versement préalable égal au montant de deux annuités.

Au moment de l'expiration de la concession, la Ville devra indemniser la Compagnie pour les annuités qui resteront dues à celle-ci par les abonnés à raison des prolongements de conduites effectués dans les dix dernières années, c'est-à-dire entre le 1er janvier 1965 et le 31 décembre 1974. Cette indemnité sera à forfait, pour le cas de chaque abonné, égale à autant de fois la moitié de l'annuité souscrite par lui qu'il restera d'années ou de fraction d'année à courir jusqu'à l'expiration de son engagement décennal. La Ville aura d'ailleurs toute liberté de recouvrer sur les abonnés aux échéances prévues sur la demande d'abonnement, et aux lieu et place de la Compagnie, les sommes que ceux-ci s'étaient engagés à lui payer.

Art. 15.

Bouches de lavage. Bouches d'incendie.

La Commune pourra faire établir, partout où elle le désirera, des bouches pour le lavage des ruisseaux, mais à la condition que les emplacements indiqués par elle se trouvent dans les voies déjà canalisées, au moment où elle formulera sa demande.

Elle pourra également, sous la même condition, faire changer les bouches de lavage de place.

Les bouches de lavage, leurs embranchements et tous les accessoires seront établis, entretenus, réparés et s'il y a lieu déplacés par la Compagnie Générale des Eaux ou ses entrepreneurs aux frais de la Ville et sur ordre de service émanant de l'Administration Municipale.

Les conditions qui précèdent s'appliquent également aux bouches d'incendie spéciales, si la Commune désire en faire établir.

Aucune bouche d'incendie ne pourra être demandée par la Commune avec un diamètre supérieur à celui de la conduite existant à l'emplacement désigné.

Les bouches de lavage seront alimentées aux frais de la Ville, aux conditions de l'article 11. La consommation d'eau des bouches servant au lavage des caniveaux sera évaluée par estimation entre la Ville et la Compagnie Générale des Eaux d'après le débit instantané des bouches et leur durée d'ouverture. Le service des bouches de lavage devra être fait suivant un roulement déterminé, d'accord entre la Ville et la Compagnie, et établi de façon à ce qu'un quart seulement de ces bouches soient ouvertes en même temps.

Les manœuvres d'ouverture et de fermeture seront faites par les agents de la Ville ; ceux-ci devront se conformer strictement aux heures d'ouverture et de fermeture convenues et ne pas modifier le réglage du débit des appareils opéré par la Compagnie.

Les quelques bouches d'eau qui serviraient au remplissage des tonneaux pour l'arrosage des chaussées seraient munies d'un compteur particulier, aux conditions de l'article 12 ; le compteur serait placé dans un regard établi sous le trottoir aux frais de la commune, à côté de la bouche d'eau elle-même.

Tout puisage par les particuliers aux bouches d'eau dont il est parlé au présent article est formellement interdit. La Commune s'engage à faire veiller à l'observation de cette défense, à prendre un arrêté pour l'assurer et la sanctionner et à donner à la Compagnie le moyen de faire surveiller de son côté les bouches d'eau ; à l'effet de quoi la Compagnie aura le droit d'avoir à ses frais un agent assermenté chargé de constater les infractions commises à cet égard et de relever, de façon générale, tous frais pouvant lui porter préjudice.

Art. 16.

Bornes-fontaines.

La Ville pourra faire établir à ses frais, par la Compagnie Générale des Eaux, cinq nouvelles bornes-fontaines, en sus des bornes-fontaines existantes. Les emplacements de ces bornes-fontaines seront choisis, d'accord entre la Ville et la Compagnie Générale des Eaux, de manière à ne pas priver cette dernière de la souscription d'abonnements particuliers.

Ces nouvelles bornes-fontaines, ainsi que les bornes-fontaines existantes, seront alimentées aux frais de la Ville aux conditions de l'article 11.

Elles seront réputées, à forfait, débiter en moyenne, par jour et par borne-fontaine, quatre mètres cubes, qui seront payés à moitié prix du tarif des particuliers, c'est-à-dire à raison de 1.080 francs par an et par borne-fontaine.

Toutefois, la Ville ayant demandé à la Compagnie d'atténuer, pendant les premières années du traité, la charge qui résultera pour elle de l'abonnement des bornes-fontaines, la Compagnie a accepté de faire bénéficier l'abonnement des bornes-fontaines (déjà réduit à 1.080 fr. par borne) d'un rabais de :

58 % pendant la première année d'exploitation.
50 % pendant la deuxième année d'exploitation.
40 % pendant la troisième année d'exploitatio.
25 % pendant la quatrième année d'exploitation.

A partir du début de la cinquième année, la Ville paiera 1.080 francs par borne-fontaine, sans rabais.

Les bornes-fontaines seront d'un système à repoussoir ou incalables ; elles seront réglées pour pouvoir débiter quand elles seront ouvertes de 12 à 15 litres à la minute ; le puisage à ces bornes-fontaines n'est autorisé que pour les usages domestiques et au moyen de seaux ordinaires seulement, à l'exclusion de tous autres récipients, tonneaux, cuves, etc... Il est formellement interdit pour les besoins agricoles, commerciaux ou industriels.

Les pompes, fontaines, ou appareils de puisage publics actuellement en service dans les voies de la Commune situées à l'intérieur de la zone dont la limite est figurée en vert sur le plan ci-annexé, mais non branchés sur les canalisations d'eau potable existantes, seront, de convention expresse, supprimés dans les deux années qui suivront la mise en service de la nouvelle distribution d'eau. Cette suppression sera faite d'office par la Compagnie Générale des Eaux. Aucun nouvel appareil de puisage similaire ne pourra être installé dans cette zone.

Seront, au contraire, maintenus, ceux de ces appareils situés en dehors de la zone dont la limite est figurée en vert sur le plan ci-annexé. Mais il est bien entendu qu'un appareil maintenu conformément à l'alinéa précédent serait supprimé dès que, en raison des extensions de conduites faites par la Compagnie Générale des Eaux, par application de l'article 14 ci-dessus ou de tout autre accord qui pourrait intervenir ultérieurement entre la Ville et la Compagnie, cet appareil se trouverait à moins de cinquante mètres de l'extrémité d'une conduite alimentée par la Compagnie Générale des Eaux.

Art. 17.

**Travaux exécutés pour le compte de la Commune.
Responsabilité. Garantie.**

Tous les travaux d'installation, de déplacement et d'entretien des appareils publics, de leurs embranchements et accessoires, quels qu'ils soient, seront exécutés par la Compagnie ou ses entrepreneurs, pour le compte et aux frais de la Commune. Ils seront payés, suivant les prix courants de la Série Centrale des Architectes en vigueur au moment de l'exécution des travaux (c'est-à-dire, avec les majorations en cours, s'il y a lieu) sur lesquelles la Compagnie fera une réduction de dix pour cent (10 %).

La Compagnie sera garante pendant un an des malfaçons relatives à ces travaux de premier établissement ou de réparation, mais, sauf effet de cette garantie, elle ne sera en aucun cas responsable des dommages occasionnés par les fuites sur branchements et appareils quels qu'ils soient, entretenus par elle, cette responsabilité restant à la charge de la commune, propriétaire et gardienne des dits appareils et branchements qui devra en conséquence prendre l'initiative de tous les travaux à exécuter.

Art. 18.

Secours en cas d'incendie.

En cas d'incendie, la Compagnie mettra, sans indemnité, mais telle qu'elle se comportera, et sans aucune garantie quant au débit et à la pression de l'eau, l'eau de ses conduites à la disposition de l'autorité municipale au moyen des bouches d'eau indiquées ci-dessus, et des bouches d'incendie s'il en existe.

Deux clefs des robinets seront confiées à l'autorité municipale, déposées l'une à la Mairie, l'autre au local des pompes pour ne servir qu'en cas d'incendie seulement.

Elles pourraient cependant servir lors des exercices faits par les pompiers, mais dans ce cas, la Commune devra au préalable faire connaître la date et l'heure de ces exercices à la Compagnie, de façon à ce que celle-ci puisse déléguer, si elle le juge utile, un de ses agents pour assister à la manœuvre des appareils, en vérifier le fonctionnement normal et régulier et donner aux pompiers toutes indications utiles.

L'eau utilisée au cours de ces exercices sera fournie sans indemnité par la Compagnie, mais à la condition qu'il n'y ait pas abus, et qu'ils ne se répètent pas plus de deux fois (2) par mois.

Les abonnés ne pourront exercer aucun recours contre la Compagnie pour interruptions ou perturbations quelconques dans le service occasionnées par la dépense d'eau nécessitée par un incendie.

ART 19.

Interruptions accidentelles du service. Déchéance.

Le service des eaux ne pourra jamais être interrompu, si ce n'est pour cause de réparation de conduites, réservoirs, machines, etc... ou pour cas de force majeure régulièrement constaté.

En cas d'interruption d'une durée supérieure à cinq jours, la Compagnie devra restituer en nature, à l'abonné, toute l'eau dont il aura été privé pendant la durée de l'interruption, à l'exclusion de toutes réparations ou indemnités autres que celle en nature dont il vient d'être parlé.

Si le service venait à être interrompu pour toute autre cause que celles spécifiées au premier alinéa du présent article, la Ville pourrait, la Compagnie entendue, assurer le service sous réserve de toutes actions contre la Compagnie.

En outre, et toujours en dehors des cas visés au premier alinéa du présent article, si la Compagnie n'était pas en mesure d'assurer à nouveau le service après une interruption générale de six semaines, elle pourrait être déclarée déchue de la présente concession par les tribunaux compétents.

La déchéance pourrait enfin être prononcée si la Compagnie était mise en déconfiture.

Art. 20.

Conditions sous lesquelles le traité deviendra définitif.

A titre de condition suspensive, il est formellement stipulé que le présent traité ne deviendra définitif et que la Compagnie des Eaux ne sera tenue des diverses obligations qui peuvent en résulter pour elle qu'autant que :

1º Ledit traité aura reçu l'approbation préfectorale;

2º La Compagnie Générale des Eaux aura jugé, à la suite de ses recherches et essais de débit, que le captage à construire sera susceptible de fournir, pendant l'été, une quantité d'eau suffisante;

3º La Compagnie sera entrée en possession des terrains et autorisations de passage nécessaires à l'exécution des travaux, ainsi que de toutes les autorisations administratives et permissions de voirie, lesquelles, conformément à l'article 3, devront être données ou transmises par la Ville à la Compagnie Générale des Eaux exemptes de précarité et de charges, de quelque nature qu'elles soient.

Il est entendu, toutefois, que si la Ville ne peut obtenir les autorisations administratives ou permissions de voirie exemptes de précarité, ces dernières pourront être admises, mais qu'en ce cas, la Compagnie Générale des Eaux ne pourra être recherchée à aucun titre et dans aucune mesure, au cas où l'autorisation serait retirée, alors même que ce retrait pourrait conduire à l'interruption du service; il appartiendra alors à la Ville seule de faire à ses frais, risques et périls, le nécessaire pour remédier à cet état de choses. S'il y a des charges, la Ville les conservera pour son compte.

Art. 21.

Frais de timbre et d'enregistrement.

Les frais de timbre et d'enregistrement du présent traité seront supportés par la Compagnie Générale des Eaux.

Art. 22.

Élection de domicile.

Pour l'exécution des présentes, domicile est élu respectivement :
— pour la Ville, à la Mairie;
— pour la Compagnie Générale des Eaux, au Siège Social, rue d'Anjou, 52, à Paris.

Fait double à Paris, le 28 avril 1924,
et à Paris, le 30 avril 1924.

Lu et approuvé :
Le Maire
Signé : Delpierre.

Lu et approuvé :
Le Directeur Général
de la Compagnie Générale des Eaux,
Signé : Glasser.

Vu et approuvé sous réserve que les travaux seront exécutés conformément au projet qui sera approuvé par M. le Préfet des Côtes-du-Nord.

Saint-Brieuc, le 6 août 1924.

Pour le Préfet,
le Secrétaire Général,

Signé : Illisible.

Pour la perception des droits d'enregistrement seulement, les parties soussignées évaluent le montant des travaux, ouvrages et installations dont l'exécution est prévue au présent traité à la somme de cinq cent cinq mille six cent soixante francs (505.660 fr.) et le montant des redevances à payer par la Commune pour fourniture d'eau à la somme de mille francs (1.000 fr.).

AVENANT Nº 1
AU TRAITÉ DE CONCESSION

ENTRE LA

VILLE DE SAINT-QUAY-PORTRIEUX

ET LA

COMPAGNIE GÉNÉRALE DES EAUX

en date des 28 et 30 avril 1924

ENTRE LES SOUSSIGNÉS :

M. DELPIERRE, Maire de la Ville de Saint-Quay-Portrieux (Côtes-du-Nord), Officier de la Légion d'Honneur, agissant au nom de la dite Ville, à cet effet dûment autorisé par une délibération du Conseil Municipal de Saint-Quay-Portrieux, en date du 11 février 1928 dont copie est ci-annexée,

D'UNE PART,

Et M. Edouard GLASSER, Ingénieur au Corps des Mines, Officier de la Légion d'Honneur, Directeur Général de la Compagnie Générale des Eaux, Société Anonyme au capital de cinquante et un millions deux cent cinquante mille francs, dont le siège social est à Paris, 52, rue d'Anjou, agissant en ladite qualité et en vertu de la délibération du Conseil d'Administration en date du 11 janvier 1928 ci-annexée,

D'AUTRE PART,

Ont préalablement à la convention objet du présent acte exposé ce qui suit :

EXPOSÉ

La Compagnie Générale des Eaux est concessionnaire d'un service de distribution d'eau à Saint-Quay-Portrieux, en vertu d'un traité passé entre cette Ville et ladite Compagnie les 28 et 30 avril 1924, et exploite ce service dans les conditions fixées au traité.

La Ville de Saint-Quay-Portrieux ayant acquis récemment la disposition de nouvelles sources situées à la ferme des Fontaines dans le hameau de Kertugal, a décidé à la faveur de ces nouvelles disponibilités en eau, d'étendre à d'autres voies, et notamment aux agglomérations de Kertugal et Fonteny sises sur son territoire, le service actuel de distribution d'eau. Elle a fait établir à cet effet un projet soumis actuellement à l'approbation de M. le Ministre de l'Agriculture.

En vue de l'exécution de ce projet, et de l'utilisation des sources de la ferme des Fontaines, pour le Service de la Ville de Saint-Quay-Portrieux, il a été convenu ce qui suit entre la Ville et la Compagnie.

ARTICLE PREMIER

Qualité. Quantité. Pression.

La Compagnie distribuera à Saint-Quay-Portrieux, en plus des eaux qu'elle distribue actuellement, l'eau que débitera le captage qui doit être exécuté par elle à la ferme des Fontaines, conformément au projet ci-dessus, déduction faite toutefois, d'une part, de l'eau qui sera prélevée pour les besoins de la ferme des Fontaines, et, d'autre part, d'un volume journalier de 8 mètres cubes réservés à l'alimentation du lavoir de Kertugal, comme il est dit aux articles 2 et 7 ci-après.

Les conditions fixées par l'article 2 du Traité de concession en date des 28 et 30 avril 1924 en ce qui concerne la qualité, la quantité et la pression des eaux provenant des captages actuels de Ruello et de la Froideville s'appliqueront aux eaux provenant du captage de la ferme des Fontaines.

ART. 2.

En cédant à la Ville de Saint-Quay-Portrieux la disposition des sources de la ferme des Fontaines, le propriétaire de cette ferme, M. le Comte de Florian, a formellement réservé le droit pour l'occupant de sa ferme de prendre à cette source la quantité d'eau nécessaire aux besoins de cette ferme.

A cet effet, la Compagnie Générale des Eaux établira aux frais de la Commune, dans la cour de la ferme des Fontaines, une pompe fonctionnant à la main et puisant l'eau dans l'ouvrage de captage.

La Ville s'engage à veiller à ce que les eaux fournies par cette pompe ne soient utilisées que pour les besoins de la ferme et notamment devra interdire au fermier ou à tout autre de faire aucune distribution gratuite ou à prix d'argent de tout ou partie du volume d'eau puisé à cette pompe, même du trop plein, à toute autre personne que celle habitant la ferme, sous peine de se voir d'office privé de l'utilisation de la pompe. La Ville s'oblige à tenir la main à la stricte observation de cette interdiction.

ART. 3.

Travaux à la charge de la Compagnie Générale des Eaux.

La Compagnie fera, dès qu'elle sera entrée en possession des terrains et autorisations nécessaires, exécuter à ses frais les travaux prévus au projet que la Ville a fait établir, savoir :

1º La construction du captage proprement dit sis à la ferme des Fontaines conformément au plan ci-annexé et sauf les modifications qui seraient adoptées d'un commun accord entre l'Ingénieur de la Ville et la Compagnie;

2º La construction d'un réservoir de 50 mètres cubes sis au Moulin Malgré tout;

3º La construction d'un réservoir brise-charge de 20 mètres cubes, sis à Porcuro;

4º La construction d'un abreuvoir, au Village de la Rue;

5º L'établissement dans les rues de la Ville des conduites de distribution, tant dans Kertugal et Fonteny que dans Saint-Quay-Portrieux, représentées par un trait sur le plan ci-joint.

ART 4

Incorporation dans le réseau de canalisations.

Les installations prévues ci-dessus seront, du jour de leur mise en service, incorporées au réseau existant de canalisations d'eau dont la Compagnie Générale des Eaux est concessionnaire.

La Compagnie aura notamment à sa charge tous les nouveaux frais d'exploitation résultant de cette extension du réseau (entretien, surveillance, fourniture de force motrice, réparation de machines, etc.). La Compagnie procédera à la distribution de l'eau sur le parcours des nouvelles conduites dans les conditions fixées par le traité de concession des 28 et 30 avril 1924 et le présent avenant.

Seront de convention expresse incorporées dans les mêmes conditions, dans l'ensemble des installations du service d'eau, les canalisations et ouvrages d'art déjà exécutés par la Ville, en vue de l'alimentation du lavoir de Kertugal, à l'exception de ce lavoir lui-même et de l'abreuvoir prévu au Village de la Rue, dont la surveillance et l'entretien seront à sa charge et assurés par elle.

A l'expiration de la concession, c'est-à-dire le 31 décembre 1974, toutes ces installations seront remises à la Commune de Saint-Quay-Portrieux dans les conditions prévues à l'article 10 du traité de concession des 28 et 30 avril 1924.

ART. 5.

Prix de vente de l'eau aux particuliers et à la Ville.

L'article 11 du traité de concession des 28 et 30 avril 1924 est annulé et remplacé par le suivant :

Les abonnements seront régis par les conditions ci-après :

Les abonnements doivent être souscrits par les propriétaires des immeubles, ou, s'ils le sont par le locataire, ce sera avec l'autorisation et sous la garantie du propriétaire.

Les abonnements seront annuels et payables comme suit à raison d'un quart par trimestre et d'avance :

— Deux cent cinquante litres (250) par jour, pour quarante-cinq francs (45 fr.) par trimestre.

— Cinq cents litres (500) par jour, pour quatre-vingt-dix francs (90 fr.) par trimestre.

— Sept cent cinquante litres (750) par jour, pour cent trente-cinq francs (135 fr.) par trimestre.

— Mille litres (1.000) par jour, pour cent quatre-vingts francs (180 fr.) par trimestre.

— Quinze cent litres (1.500) par jour, pour deux cent soixante-dix francs (270 fr.) par trimestre.

— Deux mille litres (2.000) par jour, pour trois cent soixante francs (360 fr.) par trimestre.

— Pour chaque mètre cube en sus et sans fraction de mètre cube, cent quatre-vingts francs (180 fr.) par trimestre.

L'abonné n'aura droit à aucune réduction sur le montant de l'abonnement souscrit par lui, quelle que soit la consommation. Les abonnements se renouvelleront par tacite reconduction, d'année en année, tant que l'une des deux parties n'aura pas notifié à l'autre par écrit, en l'avisant trois mois à l'avance, de son désir de le faire cesser.

Les demandes d'abonnements, faites pour un an, prendront leur effet aux 1er janvier et 1er juillet de chaque année. Si les abonnements sont mis en service avant l'une de ces deux dates, un décompte d'abonnement proportionnel à la durée anticipée de l'abonnement sera établi et payé par l'abonné à l'ouverture de la concession en même temps que le premier trimestre d'abonnement, et s'il y a des excédents de consommation sur ladite période anticipée, ils seront ajoutés aux excédents du premier trimestre d'abonnement.

Les excédents de consommation constatés seront payés au prix de deux francs soixante-cinq centimes (2 fr. 65) le mètre cube, ils seront réglés chaque trimestre aux 1er janvier, 1er avril, 1er juillet, ou 1er octobre, c'est-à-dire sans qu'on puisse reporter les non consommés d'un trimestre sur un autre.

D'autre part, les excédents d'un trimestre ne pourront dépasser le cube d'eau dû pour ce trimestre en vertu de l'abonnement; si le cube d'eau ainsi alloué pour excédent est dépassé, l'abonné doit souscrire, à première réquisition de la Compagnie, l'abonnement à choisir dans le tableau ci-dessus et qui sera immédiatement supérieur à la moitié de la consommation journalière moyenne du trimestre où la consommation aura été la plus forte.

La Ville contractera, pour les usages municipaux (y compris bornes-fontaines) de la même manière que les particuliers, des abonnements dont la totalité ne pourra jamais dépasser, y compris les excédents (sauf acceptation spéciale de la Compagnie Générale des Eaux), deux cents mètres cubes (200) par jour. Il serait fait à la Ville pour les abonnements qu'elle a contractés ou contractera, ainsi que sur ses excédents de consommation, un rabais de cinquante pour cent (50 %) sur les prix stipulés pour les particuliers dans les conditions fixées par le présent avenant. Si la consommation de la Ville dépasse deux cents mètres cubes (200) par jour au cours d'un trimestre quelconque, le surplus au delà des deux cents mètres cubes (200) ne bénéficiera pas de la réduction de cinquante pour cent (50 %) et sera payé par la Ville aux conditions et au tarif des particuliers.

Les stipulations du présent article seront applicables à partir du 1er juillet 1928.

Art. 6.

Location et entretien des compteurs.

Les prix de location et entretien des compteurs fixés à l'article 12 du traité de concession sont annulés et remplacés par les suivants applicables à dater du 1er juillet 1928.

Location.

Diamètre des Compteurs	12 m/m	15 m/m	20 m/m	30 m/m	40 m/m	60 m/m
Prix de location par trimestre sans entretien.........	fr. 6,65	fr. 8,00	fr. 12,00	fr. 14,65	fr. 30,65	fr. 46,65

Entretien.

Diamètre des compteurs	12 m/m	15 m/m	20 m/m	30 m/m	40 m/m	60 m/m
Prix d'entretien par trimestre.....	fr. 4,65	fr. 5,35	fr. 6,65	fr. 9,35	fr. 17,35	fr. 26,65

Art. 7.

Bornes-fontaines. Lavoir de Kertugal.

La Compagnie établira à ses frais dix nouvelles bornes-fontaines parcours des nouvelles canalisations et aux emplacements indiqués au plan ci-joint en plus des B.-F. au nombre de 23 déjà en service.

Ces nouvelles bornes, ainsi que les 23 bornes-fontaines existantes, seront alimentées aux frais de la Ville. Elles seront réputées, à forfait, débiter en moyenne par jour et par borne-fontaine quatre mètres cubes, qui seront payés à moitié prix du tarif des particuliers tel qu'il résulte du présent avenant, c'est-à-dire à raison de 1.440 francs par an et par borne-fontaine. Est donc annulé le prix de 1.080 francs par an et par borne-fontaine institué à l'article 16 du traité de concession des 28 et 30 avril 1924.

De plus, il est convenu que les dix nouvelles bornes-fontaines paieront plein tarif dès la première année de leur mise en service. Les rabais institués par ledit article 16 du traité dans les premières années de l'exploitation ne s'appliqueront qu'aux seuls abonnements concernant les 23 bornes actuellement existantes; ils seront calculés sur le nouveau tarif de 1.440 francs ci-dessus fixé.

Les pompes, fontaines et appareils de puisage publics autres que les précédents actuellement en service, seront de convention expresse supprimés dans toutes les voies possédant une canalisation d'eau, même si ces voies sont en dehors de la zone dont la limite était figurée en vert sur le plan annexé au traité des 28 et 30 avril 1924 et désignée à l'article 16 dudit traité.

Ces pompes et fontaines publiques seront supprimées par la Ville dans les deux ans qui suivront la pose de la canalisation dans la voie publique dans laquelle elles se trouvent.

D'autre part, sur le volume mis à la disposition de la Compagnie aux sources de la ferme des Fontaines, la Ville exclut et se réserve pour elle-même, sans redevances à la Compagnie et pour l'alimentation du lavoir public établi à Kertugal, Chemin des Landes, un volume journalier de 8 mètres cubes.

A cet effet, le branchement qui alimentera ce lavoir sera muni d'un compteur posé et entretenu par la Compagnie aux frais de la Ville et aux tarifs de l'article 6 ci-dessus. Si la consommation trimestrielle dépasse 8 mètres cubes en moyenne par jour, la Ville paiera les excédents de consommation aux conditions du traité des 28 et 30 avril 1924 et du présent avenant.

Art. 8.

Participation de la Ville aux dépenses.

La Ville de Saint-Quay-Portrieux participera aux dépenses de Premier Établissement pour l'installation du nouveau service en versant à la Compagnie à titre de subvention :

1º une somme de quatre-vingt mille francs (80.000) dont elle dispose actuellement, payable :

— quarante mille francs (40.000) dans le mois qui suivra le commencement des travaux;

— quarante mille francs (40.000) à leur achèvement.

2º Une somme de deux cent vingt mille francs (220.000) qu'elle s'engage à verser à la Compagnie Générale des Eaux dans un délai maximum de 3 ans, c'est-à-dire au plus tard le 1er juillet 1931, au moyen des sommes qu'elle recevra sur les fonds du Paris-Mutuel pour la réalisation de la nouvelle distribution et, à défaut, au moyen des ressources qu'elle se chargera de créer en temps utile, si les versements du Paris-Mutuel sont insuffisants pour lui permettre le remboursement à la date extrême du 1er juillet 1931. Cette somme de 220.000 francs ou la fraction qui en resterait au 1er juillet 1928 sera de plein droit productive au profit de la Compagnie, à compter de cette date, d'intérêts au taux annuel de 10 %. Ces intérêts seront payables le 1er juillet de chaque année et le premier paiement aura lieu le 1er juillet 1929; il seront calculés en tenant compte des versements effectués au cours de chaque année sur la somme dont il s'agit.

Art. 9.

Les prix indiqués dans le règlement sur les abonnements annexé au traité de concession des 28 et 30 avril 1924 à l'article 2 dudit règlement en ce qui concerne le tarif des dits abonnements, à l'article 3 en ce qui concerne les prix applicables aux excédents, à l'article 4 en ce qui concerne les prix de location et d'entretien des compteurs, sont annulés et remplacés par les prix fixés par le présent avenant.

Art. 10.

Il est expressément convenu que les clauses et conditions du traité de concession passé entre la Ville et la Compagnie, les 28 et 30 avril

1924 sont et demeurent en vigueur en tout ce qu'elles n'ont pas de contraire aux dispositions du présent avenant.

Il est de plus stipulé que le présent avenant ne deviendra définitif et que la Compagnie ne sera tenue des diverses obligations qui peuvent en résulter pour elle qu'autant que le dit avenant aura reçu l'approbation préfectorale et que la Compagnie sera mise en possession par la Commune des terrains et droits de passage nécessaires à l'exécution des travaux, ainsi que de toutes les autorisations administratives et permissions de voirie, le tout dans les conditions de l'article 3 du traité de concession.

Art. 11.

Frais de timbre et d'enregistrement.

Les frais de timbre et d'enregistrement du présent avenant seront supportés par la Compagnie Générale des Eaux.

Art. 12.

Élection de Domicile.

Pour l'élection des présentes, domicile est élu respectivement :
— Pour la Ville : à la Mairie;
— Pour la Compagnie Générale des Eaux : au Siège Social, 52, rue d'Anjou, à Paris.

Fait double à Paris, le 25 mai 1928.

Lu et approuvé :
Le Maire,
Signé : Delpierre.

Lu et approuvé :
*Le Directeur Général de la
Compagnie Générale des Eaux,*
Signé : E. Glasser.

Vu et approuvé :
Saint-Brieuc, le 4 juin 1928.

Pour le Préfet, le Sous-Préfet délégué,
Signé : Illisible.

Enregistré à Binic, le 14 juin 1928. N° 844. Reçu : quatre mille cinq cents francs.

Signé : Bouillon.

AVENANT Nº 2
AU TRAITÉ DE CONCESSION

ENTRE LA

VILLE DE SAINT-QUAY-PORTRIEUX

ET LA

COMPAGNIE GÉNÉRALE DES EAUX

en date des 28 et 30 avril 1924

ENTRE LES SOUSSIGNÉS :

M. DELPIERRE, Maire de la Ville de Saint-Quay-Portrieux (Côtes-du-Nord), Officier de la Légion d'Honneur, agissant au nom de ladite Ville, à cet effet dûment autorisé par une délibération du Conseil Municipal de Saint-Quay-Portrieux en date du 2 juin 1933 dont copie est ci-annexée,

D'UNE PART,

Et M. Édouard GLASSER, Ingénieur au Corps des Mines, Officier de la Légion d'Honneur, Directeur Général de la Compagnie Générale des Eaux, Société Anonyme au capital de cinquante-sept millions cinq cent mille francs, dont le siège social est à Paris, 52, rue d'Anjou, agissant en ladite qualité et en vertu de la délibération du Conseil d'Administration en date du 24 mai 1933 ci-annexée,

D'AUTRE PART,

Il a été dit et convenu ce qui suit :

EXPOSÉ

La Compagnie Générale des Eaux est concessionnaire du service de distribution d'eau à Saint-Quay-Portrieux en vertu d'un traité passé entre cette Ville et ladite Compagnie les 28 et 30 avril 1924, modifié par un avenant en date du 25 mai 1928.

La Ville de Saint-Quay-Portrieux qui, au cours de ces dernières années, a consacré des sommes importantes à la création et à l'extension de son service d'eau, a envisagé, pour diminuer les charges financières lui incombant de ce chef, de prolonger la période d'amortissement prévue à l'origine pour les installations correspondantes, période qui était notablement inférieure à la durée probable de ces installations.

La Ville s'est mise, à cet effet, d'accord avec la Compagnie Générale des Eaux pour apporter aux dispositions des traité et avenant antérieurs les modifications ci-après :

ARTICLE PREMIER

Durée de la concession.

L'expiration de la concession du service d'eau, fixée au 31 décembre 1974 par le traité des 28-30 avril 1924, est ajournée au 31 décembre 1983.

Jusqu'à cette dernière date, la Compagnie jouira des privilèges qui lui ont été accordés par les traités des 28-30 avril 1924 et par l'avenant du 25 mai 1928, et elle continuera à exploiter le service d'eau dans les conditions fixées à ces traités et modifiées comme il est dit aux articles ci-après.

ART. 2.

Suppression de la subvention annuelle de la Commune.

La Ville de Saint-Quay-Portrieux cessera de payer, à compter du 1er avril 1933, la subvention de six mille cent soixante francs

(6.160 fr.) qu'elle versait chaque année à la Compagnie Générale des Eaux à titre de participation aux dépenses d'installation du service d'eau.

ART. 3.

Fourniture d'eau à la Ville de Saint-Quay-Portrieux.

La Ville de Saint-Quay-Portrieux continuera à contracter pour les usages municipaux, y compris les bornes-fontaines, de la même manière que les particuliers, des abonnements dont la totalité ne pourra jamais dépasser, y compris les excédents et sauf acceptation spéciale de la Compagnie Générale des Eaux, deux cents mètres cubes (200) par jour.

L'eau destinée aux bornes-fontaines sera payée dans les conditions indiquées à l'article 7 ci-après; celle destinée aux autres usages municipaux sera payée aux prix stipulés pour les particuliers à l'article 5 de l'Avenant du 25 mai 1928, frappés d'un rabais de cinquante pour cent (50 %).

Si la consommation de la Ville, y compris celle des bornes-fontaines, dépasse deux cents mètres cubes par jour au cours d'un trimestre quelconque, le surplus au delà de deux cents mètres cubes (200) ne bénéficiera pas de la réduction de cinquante pour cent prévue à l'alinéa précédent et sera payé par la Ville aux conditions et au tarif fixés pour les particuliers à l'article 5 de l'avenant du 25 mai 1928.

ART. 4.

Fourniture d'eau aux particuliers.

Sous réserve des variations prévues en fonction de l'indice économique à l'article 6 ci-après, l'eau sera fournie aux particuliers aux conditions fixées à l'article 5 de l'Avenant du 25 mai 1928.

ART. 5.

Location et entretien des compteurs fournis aux particuliers.

Sous réserve des variations prévues à l'article 6 ci-après, les prix de location des compteurs fournis aux particuliers et d'entretien des dits appareils, qu'ils soient la propriété de l'abonné ou qu'ils aient été pris par lui en location, seront ceux fixés à l'article 6 de l'avenant du 25 mai 1928.

Art. 6.

Variation des prix applicables aux particuliers.

Pour maintenir désormais les prix des abonnements et des excédents de consommation des particuliers ainsi que les tarifs de location et d'entretien des compteurs tels qu'ils résultent des articles 4 et 5 ci-dessus, au niveau du coût de la vie, ces prix et tarifs seront sujets à révision, soit en baisse, soit en hausse, tous les ans à dater du 1er janvier, la première variation prenant effet, s'il y a lieu, à partir du 1er janvier 1934.

Ces prix et tarifs varieront suivant le taux moyen de l'indice pondéré des prix de détail Paris (treize articles de ménage), qui est établi chaque mois par le Ministère du Travail et publié au Bulletin de la Statistique Générale de la France.

Les prix et tarifs susvisés correspondent à la valeur conventionnelle 500 de l'indice.

Pour calculer les prix applicables au cours de chacun des trimestres d'une année quelconque, on prendra la moyenne arithmétique E_m des valeurs de l'indice publié pendant chacun des douze mois précédant le 1er décembre antérieur à l'année considérée, et on multipliera chacun des prix prévus aux articles 4 et 5 ci-dessus par le coefficient :

$$K = \frac{E_m}{500}$$

Cette formule ne jouera pas tant que la valeur moyenne de l'indice E_m, calculée comme il est dit ci-dessus, n'aura pas une fois dépassé 560 ou ne sera pas une fois descendue au-dessous de 450. Au contraire, la formule sera régulièrement appliquée quelle que soit la valeur moyenne de l'indice, même si cette valeur moyenne est comprise entre 450 et 560, dès que cette valeur moyenne aura une fois été inférieure à 450 ou supérieure à 560.

En cas de baisse de l'indice des prix de détail Paris, les prix des abonnements ne pourront descendre à plus de 30 % au-dessous des prix fixés à l'avenant du 25 mai 1928. Au contraire, l'augmentation que pourront subir les prix en cas de hausse de l'indice, n'est pas limitée.

Les prix ainsi obtenus seront appliqués automatiquement après notification par lettre recommandée adressée à la Municipalité.

Si la publication de l'indice pondéré des prix de détail Paris (13 articles) susvisé cessait, ou si cet indice était calculé sur d'autres bases qu'actuellement, la Ville et la Compagnie auraient à se mettre d'accord pour substituer à cette publication une autre publication, officielle ou non, conduisant à des conséquences équivalentes.

Art. 7.

Bornes-fontaines.

La Ville de Saint-Quay-Portrieux ne pourra plus avoir désormais sur l'ensemble de son territoire plus de dix-huit bornes-fontaines, mais elle pourra les faire déplacer à ses frais pourvu que les nouveaux emplacements soient situés dans des voies canalisées et à plus de 300 mètres de toute autre borne-fontaine.

Les bornes-fontaines seront alimentées sans compteur, aux frais de la Commune, aux conditions suivantes :

— les bornes-fontaines seront réputées débiter à forfait 4 mètres cubes par jour et par borne-fontaine.
— chacune des bornes-fontaines alimentées avec de l'eau provenant d'un des captages actuellement en service donnera droit, au profit de la Compagnie, à une redevance annuelle de huit cents francs (800 fr.).

Art. 8.

Mise en vigueur des dispositions du présent avenant.

Les dispositions énumérées ci-dessus entreront en vigueur à compter du 1er avril 1933, après que le présent avenant aura reçu l'approbation préfectorale.

Il est expressément convenu que les clauses et conditions du traité de concession passé entre la Ville et la Compagnie les 28-30 avril

1924 et de l'avenant du 25 mai 1928, sont et demeurent en vigueur en tout ce qu'elles n'ont pas de contraire aux dispositions du présent avenant.

Art. 9.

Frais de timbre et d'enregistrement.

Les frais de timbre et d'enregistrement du présent avenant seront supportés par la Compagnie Générale des Eaux.

Art. 10.

Élection de domicile.

Pour l'exécution des présentes, domicile est élu respectivement :
— Pour la Ville : à la Mairie;
— Pour la Compagnie Générale des Eaux : au Siège Social, 52, rue d'Anjou, à Paris (VIIIe).

Fait double à Saint-Quay-Portrieux, le 24 juin 1933, *et à Paris*, le 17 juillet 1933.

Lu et approuvé :
Le Maire,
Signé : Delpierre.

Lu et approuvé :
Le Directeur Général de la Compagnie Générale des Eaux,
Signé : Glasser.

Vu et approuvé :
Saint-Brieuc, le 4 septembre 1933.
Pour le Préfet, le Secrétaire Général,
Signé : Lambert.

Enregistré à Binic, le huit septembre 1933. N° 308 R. Reçu : vingt-deux francs cinquante centimes.

Signé : Illisible.

COMPAGNIE GÉNÉRALE DES EAUX

Société Anonyme - Capital : 86.250.000 francs

Siège Social : 52, Rue d'Anjou — PARIS (8ᵉ)

SERVICE DES EAUX DE SAINT-QUAY-PORTRIEUX (Côtes-du-Nord)

RÈGLEMENT SUR LES ABONNEMENTS

ARTICLE PREMIER

Forme des abonnements.

Chaque abonnement donne lieu à la signature d'une demande d'abonnement mentionnant le volume minimum souscrit par l'abonné. Les abonnements seront, en principe, souscrits par les propriétaires; s'ils le sont par les locataires, ce sera avec l'autorisation et sous la garantie du propriétaire.

Les abonnements partent des 1ᵉʳ janvier et 1ᵉʳ juillet de chaque année. Leur durée est de un an au moins.

Tous les abonnements, quels qu'ils soient, seront desservis au compteur.

ART. 2.

Tarif des abonnements.

Le prix des concessions d'eau aux particuliers dans la ville de Saint-Quay-Portrieux est fixé d'après le tarif ci-après :

250 litres par 24 heures..........	45 fr. »	par trimestre.
500 litres par 24 heures..........	90 fr. »	par trimestre.
750 litres par 24 heures..........	135 fr. »	par trimestre.
1.000 litres par 24 heures..........	180 fr. »	par trimestre.
1.500 litres par 24 heures..........	270 fr. 50	par trimestre.
2.000 litres par 24 heures..........	360 fr. »	par trimestre.
Pour chaque mètre cube en sus et sans		
fraction de mètre cube..........	180 fr. »	par trimestre.

Il ne sera pas accordé de concession inférieure à 250 litres ni intermédiaire aux quantités ci-dessus.

Ces prix sont des prix de base qui seront revisés chaque année dans les conditions fixées par le Traité de concession et ses Avenants en fonction de la situation économique.

Les prix revisés seront appliqués automatiquement à tous les abonnements après notification par lettre recommandée adressée à la Municipalité.

ART. 3.

Décomptes. Excédents.

L'abonnement au compteur aura pour base un minimum de consommation d'eau choisi par l'abonné parmi les quantités fixées au tarif des concessions rapporté à l'article ci-dessus.

Le compteur sera relevé trimestriellement dans les quinze premiers jours du mois du trimestre suivant; quelle que soit dans cette dernière limite la date du relevé, la consommation accusée par le compteur sera réputée faite dans le trimestre précédent.

L'année sera comptée du 1er janvier ou du 1er juillet, mais en cas de mise en service anticipée, il sera établi un décompte proportionnel.

L'abonné n'aura aucun supplément à payer si la consommation accusée par le compteur ne dépasse pas le montant de l'abonnement minimum indiqué à la demande d'abonnement; mais il n'aura droit à aucune réduction sur ce minimum, quelle que soit sa consommation réelle. Il devra, au contraire, lorsque le relevé trimestriel du compteur permettra de constater que le montant du volume d'eau auquel la police donne droit pour le trimestre est dépassé, payer les excédents au prix de 2 fr. 65 par mètre cube.

Les excédents constatés seront payés aussitôt que les quittances en auront été établies et qu'elles seront présentées à l'abonné. Les excédents seront réglés chaque trimestre; dans aucun cas, le volume d'eau non consommé au cours d'un trimestre ne pourra être reporté sur un autre trimestre.

D'autre part, les excédents d'un trimestre ne pourront dépasser le cube d'eau dû pour ce trimestre en vertu de l'abonnement; si le cube d'eau alloué pour excédents est dépassé, l'abonné devra souscrire à la première réquisition de la Compagnie l'abonnement à choisir dans le tableau de l'article 2, et qui sera immédiatement supérieur à la moitié de la consommation journalière moyenne du trimestre où la consommation aura été la plus élevée.

En cas d'arrêt du compteur, la consommation pour la période comprise entre le relevé précédent et la remise en état du compteur sera calculée sur la moyenne de la dépense par jour de la même période de la dernière année pendant laquelle une consommation aura été régulièrement constatée et, si l'on est encore dans la première année de l'abonnement, sur le minimum de l'abonnement fixé par la demande d'abonnement.

L'abonné ne sera point recevable dans ses réclamations pour insuffisance d'alimentation si la consommation d'eau accusée par le compteur représente au moins le volume de l'abonnement souscrit.

L'abonné pouvant toujours contrôler la consommation accusée par le compteur, aucune réclamation n'est admise contre l'importance de celle-ci, quel qu'en soit le motif et notamment en cas de fuite après le compteur.

Art. 4.

Compteurs.

L'eau passera par un compteur qui sera posé chez l'abonné dans les conditions déterminées ci-après; ce compteur sera posé le plus près possible de la voie publique.

La Compagnie Générale des Eaux a seule le droit de vendre, de fournir en location et d'entretenir en bon état les compteurs qui seront mis en service à Saint-Quay-Portrieux.

Systèmes.

Les compteurs seront choisis par la Compagnie Générale des Eaux parmi les systèmes Eyquem, Étoile et Stella ou parmi tous autres que la Compagnie soumettrait par la suite à l'agrément de la Ville.

Les compteurs seront à la charge des abonnés qui pourront à leur convenance, soit les acheter, soit les prendre en location.

Le compteur sera posé sur console et dans une position parfaitement horizontale. Les frais de regard et d'établissement de consoles destinés à le recevoir seront à la charge de l'abonné, qui fera préparer l'emplacement de son compteur par qui bon lui semblera. Un robinet de sûreté sera posé par la Compagnie à l'entrée du compteur aux frais de l'abonné. Les raccords sur les tuyaux d'arrivée et de sortie de l'eau seront plombés par la Compagnie avec l'empreinte de son cachet.

Les cachets ne pourront être rompus sans le concours de la Compagnie. Toute rupture illicite de ces cachets sera poursuivie par les voies de droit.

L'abonné prendra les précautions nécessaires pour prémunir son compteur contre la gelée.

Le compteur sera entretenu aux frais de l'abonné par la Compagnie.

Vente.

Les prix de vente seront ceux des tarifs officiels des constructeurs (donc avec les majorations en cours).

Location.

La Compagnie sera tenue de fournir en location à l'année des compteurs moyennant les prix de location par trimestre ci-après :

Diamètre du compteur	12 m/m	15 m/m	20 m/m	30 m/m	40 m/m	60 m/m
Prix de location par trimestre sans entretien.........	fr. 6,65	fr. 8,00	fr. 12,00	fr. 14,65	fr. 30,65	fr. 46,65

Entretien.

Tous les compteurs, qu'ils aient été achetés par l'abonné ou pris par lui en location, seront d'office entretenus à l'année en bon état par la Compagnie Générale des Eaux, moyennant les redevances trimestrielles ci-après :

Diamètre du compteur	12 m/m	15 m/m	20 m/m	30 m/m	40 m/m	60 m/m
Prix d'entretien par trimestre......	fr. 4,65	fr. 5,35	fr. 6,65	fr. 9,35	fr. 17,35	fr. 26,65

Les contrats de location et d'entretien des compteurs auront la même durée que les abonnements.

Paiements.

Les redevances trimestrielles de location et d'entretien des compteurs seront payables d'avance et en même temps que l'abonnement; elles seront dues par l'abonné pour toute la durée de l'abonnement quelle que soit la consommation, même si cette dernière était nulle.

Diamètres des compteurs.

Les diamètres ou dimensions des compteurs devront être en rapport avec l'importance de la consommation; ils seront déterminés conformément au tableau suivant :

Diamètre du compteur	12 m/m	15 m/m	20 m/m	30 m/m	40 m/m	60 m/m
Maximum du débit journalier du compteur moyenne d'un trimestre....	800 litres	1.500 litres	4.000 litres	12.000 litres	30.000 litres	80.000 litres

Si le débit ainsi indiqué pour le compteur de l'abonné est dépassé, ledit abonné devra acheter ou prendre en location un compteur du diamètre correspondant à la consommation constatée. Si le compteur insuffisant a été surmené, il devra payer la mise en état de cet appareil.

Dégradations accidentelles.

L'entretien par la Compagnie des Compteurs en location et celui à forfait des compteurs appartenant aux abonnés ne comprennent pas les réparations motivées par un débit excessif ni celles motivées par la gelée ou par toute autre cause qui ne serait pas la conséquence de son usage. Ces frais seront à la charge exclusive de l'abonné, auquel incombe le soin de prendre les précautions nécessaires pour éviter les accidents dont il s'agit.

Art. 5.

Vérification des compteurs.

En dehors des relevés réglementaires faits chaque trimestre et permettant de régler le compte de la consommation au compteur, la Compagnie peut faire relever et vérifier le compteur et généralement tous les appareils concernant le débit aussi souvent qu'elle le juge nécessaire.

L'abonné doit d'ailleurs toujours laisser un libre accès aux agents de la Compagnie dans les endroits où sont posés le compteur, le branchement et tous les appareils et tuyaux d'arrivée.

Tout abonné aura le droit d'exiger la vérification de son compteur. Dans ce dernier cas, si, sous réserve d'une tolérance de cinq pour cent en plus ou en moins, l'appareil est reconnu fonctionner de façon exacte ou en faveur de l'abonné, les frais de vérification seront à la charge de l'abonné, si la demande de vérification a été faite par lui; dans le cas contraire, ils incomberont à la Compagnie.

Ces frais de vérification sont, à forfait, fixés à cinq francs par opération de vérification de compteur à l'hectolitre.

Les abonnés ne doivent payer le prix de ces vérifications que contre la remise d'une quittance régulière présentée par la Compagnie.

Art. 6.

Frais d'embranchement. Établissement. Entretien. Responsabilité.

L'eau sera puisée par l'abonné dans la conduite principale de la Compagnie la plus rapprochée de la propriété à desservir, et ce, au moyen d'un branchement qui viendra se raccorder sur ladite conduite principale.

Chaque propriété particulière devra avoir un branchement séparé avec prise d'eau distincte sur la voie publique. L'abonné ne pourra conduire tout ou partie de l'eau à laquelle il a droit d'une des ses propriétés dans une autre, qu'au cas où ces deux propriétés auraient une cour commune.

Les branchements seront constitués par un collier de prise en charge fixé sur la conduite de la rue la plus proche de l'immeuble à desservir, un robinet de prise en charge vissé sur ce collier, une bouche à clé en fonte, un tuyau en plomb et un robinet d'arrêt en cuivre avant le compteur.

Les diamètre et épaisseur du tuyau de plomb seront déterminés par la Compagnie, le diamètre intérieur ne pourra être inférieur à 16 millimètres.

Les branchements de 0,040 mètre de diamètre et au-dessus pourront toutefois, sous les mêmes conditions, être établis en fonte ou en fer.

Les branchements seront la propriété des abonnés, un branchement ne pourra desservir qu'une propriété.

Les fournitures et travaux nécessaires à l'établissement et à l'entretien des branchements appartenant aux abonnés seront faits par la Compagnie Générale des Eaux ou ses entrepreneurs, et aux frais de l'abonné, depuis la conduite principale jusqu'au compteur inclusivement.

Ces fournitures et travaux seront payés aux prix de la Série de la Société Centrale des Architectes de Paris, telle qu'elle sera en vigueur au moment de l'exécution des travaux, donc avec ses majorations, s'il y a lieu. La Compagnie fera sur ces prix un rabais de 10 %.

L'eau ne sera mise à la disposition de l'abonné qu'après paiement des travaux.

En cas de non paiement, et lors même que par dérogation à la stipulation précédente l'eau aurait déjà été mise à la disposition de l'abonné, la Compagnie ou ses entrepreneurs auront le droit de reprendre les objets fournis, tout en conservant celui de poursuivre l'abonné pour inexécution de son engagement.

La fourniture comprend le tuyau de conduite de l'embranchement jusqu'au compteur, le robinet de prise en charge, le robinet d'arrêt avant le compteur, la bouche à clé, les tampons, etc..., enfin, les accessoires, ainsi que leur remplacement s'il y a lieu.

Les travaux se composent de ceux de premier établissement et de ceux d'entretien des mêmes objets, des fouilles et réparations de pavage et des travaux qu'il y aurait lieu de faire par suite de travaux exécutés sur la voie publique par la Commune ou le service des chemins de grande communication, routes départementales ou nationales, aussi bien que par les diverses Compagnies de tramways, gaz, électricité, etc., sous réserve du droit pour les intéressés de répéter, s'il y a lieu, contre lesdites Compagnies.

L'abonné ne pourra s'opposer ni à l'exécution des travaux d'entretien, ni à la réparation et au remplacement du robinet de prise et d'arrêt, de la bouche à clé, etc., lorsqu'ils seront reconnus nécessaires par la Compagnie, ni se refuser à en payer le prix d'après les tarifs sus-énoncés et à donner, avant le commencement des travaux, une reconnaissance contenant la promesse de payer si cette reconnaissance lui est demandée, à peine d'interruption immédiate du service de la concession pendant tout le temps de son opposition ou au refus de payer, sans que, par le fait de cette interruption, il soit déchargé du paiement du prix de son abonnement, lequel continuera au profit de la Compagnie Générale des Eaux comme s'il avait puisé sa quantité d'eau journalière.

Mais il est bien entendu que si la Compagnie peut imposer l'exécution de travaux dont la nécessité est venue à sa connaissance d'une manière quelconque, elle n'est nullement tenue de surveiller le branchement, ni de rechercher les travaux d'entretien ou de réparation à faire, le tout incombant exclusivement à l'abonné, même pour la partie du branchement se trouvant sous la voie publique.

La responsabilité de la Compagnie est expressément limitée à la bonne exécution des travaux de premier établissement ou de réparation, de même que s'il s'agissait d'un entrepreneur quelconque, dans l'un comme dans l'autre cas, cette responsabilité ne pourra être mise en jeu et la Compagnie sera de plein droit et absolument déchargée quand un an se sera écoulé depuis l'exécution des travaux.

ART. 7.

Travaux intérieurs.

Après le compteur, l'abonné reste libre de faire établir ainsi qu'il lui conviendra et par qui bon lui semblera, la distribution dans sa propriété des eaux qui lui sont concédées. Toutefois, il se soumet à laisser inspecter les travaux par les Agents de la Compagnie pour permettre le contrôle de l'exécution du présent règlement.

ART. 8.

Interdictions diverses. Pénalités.

L'abonné ne pourra faire exécuter aucun travail, quel qu'il soit, sur le branchement d'arrivée avant le compteur, et ne pourra faire modifier l'emplacement de son compteur par d'autres que par la Compagnie ou ses entrepreneurs, et la Compagnie pourra s'opposer à cette modification si elle est susceptible de constituer un obstacle au service de la Compagnie.

Il ne pourra changer l'emplacement ou modifier la disposition des tuyaux desservant sa concession, avant le compteur, que par la Compagnie. Il ne pourra faire piquer sur ces tuyaux aucune conduite ou prise d'eau, ni aucun appareil.

L'abonné ne pourra apporter aucune modification ou détérioration dans les organes du compteur ou de ses accessoires, ni rompre les scellement, cachets ou plombages que la Compagnie pourra établir ou modifier comme bon lui semblera.

Toute contravention à l'une quelconque des dispositions qui précèdent sera, de plein droit et jusqu'à preuve du contraire, réputée être le fait de l'abonné et donnera lieu tout d'abord, par le seul fait de la contravention, à des dommages-intérêts forfaitaires s'élevant à une somme égale à trois années d'abonnement de la police en cours, sans préjudice du rétablissement des choses dans leur état antérieur, aux frais du contrevenant, et sans préjudice encore, en cas de prise frauduleuse de l'eau, du paiement de cette eau au prix du tarif et des peines de droit commun en pareille matière.

Art. 9.

Interdiction de céder les eaux.

Il est expressément interdit à l'abonné de faire aucune distribution gratuite ou à prix d'argent de tout ou partie du volume d'eau concédé, même du trop plein de sa concession en faveur de toute autre personne que ses locataires ou sous-locataires habitant la maison desservie par la concession sus-désignée, sous peine d'une indemnité égale à une année d'abonnement de la quantité d'eau dont il sera en jouissance par chaque contravention.

Art. 10.

Changement de propriétaire.

Dans le cas où l'abonné, pendant le cours de son abonnement, viendrait à vendre ou à échanger la propriété ou le fonds de commerce desservi par l'abonnement, il sera tenu, ainsi qu'il s'y oblige formellement, d'imposer à son acquéreur, dont il est garant, la condition d'exécuter son engagement envers la Compagnie et d'en payer exactement le prix sous peine de demeurer, lui ou ses héritiers, solidairement entre eux, personnellement responsables du paiement dudit prix.

Le tout, sous réserve des droits de la Compagnie contre le nouveau propriétaire dans le cas où il aurait usé de la concession.

ART. 11.

Responsabilité des abonnés.

L'abonné, seul propriétaire et gardien de ses installations, est exclusivement responsable des dommages auxquels l'établissement, l'existence ou le fonctionnement de son branchement, de ses conduites particulières ou de leurs accessoires pourraient donner lieu, et ce, même au regard des tiers, même pour les parties de branchement ou de conduites pouvant se trouver sous la voie publique, et même après la résiliation de la police, si, lors de cette résiliation, l'abonné n'a pas veillé à ce que son branchement fût détaché de la conduite publique, sauf la responsabilité pendant un an pouvant incomber à la Compagnie, conformément aux termes de l'article 6 ci-dessus.

ART. 12.

Interruption des eaux.

En cas d'interruption d'une durée supérieure à cinq jours, la Compagnie devra restituer en nature à l'abonné toute l'eau dont il aura été privé pendant la durée de l'interruption à l'exclusion de toutes réparations ou indemnités autres que celle en nature dont il vient d'être parlé.

ART. 13.

Résiliation.

A défaut par l'une des parties de donner congé par écrit à l'autre partie trois mois au moins avant l'échéance du terme de l'abonnement ou de prévenir de son intention de diminuer la concession à son expiration, ladite concession continuera de s'exécuter en se renouvelant par tacite reconduction d'année en année.

Toutefois, la faillite déclarée de l'abonné, à quelque moment que ce soit, opère de plein droit et sans aucune formalité la résiliation de l'abonnement à la date du jugement de déclaration et autorise la Compagnie à fermer sans délai le branchement, à moins que, dans les quarante-huit heures, le syndic de la faillite n'ait prié la Compagnie, par lettre, de continuer le service, et ne se soit engagé à payer intégralement, et par privilège, le montant de toutes les fournitures ultérieures; en conséquence, le syndic devra reconnaître la cote du compteur contradictoirement avec la Compagnie.

Art. 14.

Dispositions concernant les robinets de prise.

La Compagnie aura seule en sa possession les clés des robinets et toute ouverture ou entreprise à l'effet d'obtenir de l'eau sans le concours de la Compagnie donnera lieu à trois cents francs (300 francs) de dommages-intérêts au profit de celle-ci.

Art. 15.

Mode de paiement.

Le prix des abonnements sera payé sur la quittance de la Compagnie par trimestre et d'avance, aux époques indiquées dans l'engagement de l'abonné.

A défaut de paiement d'avance d'un seul terme dudit prix à son échéance ou d'un excédent, lors de la présentation de la quittance, ou encore du montant des frais de tous travaux d'entretien ou de réparation lors de ladite présentation, la Compagnie aura le droit de fermer la concession, et si, dans le délai de trois mois, l'abonné n'a pas régularisé sa situation, la Compagnie aura la faculté de résilier l'abonnement et de détacher de la conduite le tuyau d'embranchement.

Toutefois, préalablement à la fermeture de la concession, la Compagnie adressera à l'abonné et aux frais dudit abonné un avertissement par lettre recommandée. Si cet avertissement reste sans effet, et huit jours après la date, il sera procédé à la fermeture du branchement, et, si dans le délai de trois mois l'abonné n'a pas régularisé sa situation, il sera procédé à la résiliation de la police, et la Compagnie pourra procéder au détachement du branchement, comme il est dit ci-dessus, le tout, sans préjudice des poursuites à exercer contre l'abonné pour le forcer à exécuter son engagement et de dommages-intérêts s'il plaît à la Compagnie.

Le rattachement et la réouverture du branchement ne seront faits qu'après paiement intégral des sommes dues, y compris les frais de détachement et de rattachement.

Toutes les quittances seront présentées au lieu de la concession et devront être payées par l'abonné, ainsi qu'il est dit ci-dessus.

Art. 16.

Coupure des branchements en cas de résiliation d'abonnement.

Dès la résiliation d'un abonnement, la Compagnie pourra faire couper et détacher de suite le branchement près de son point de jonction avec la conduite publique, en conservant toutefois un collier pour maintenir la plaque pleine sur l'orifice de prise d'eau.

Ce travail, ainsi que toutes fouilles et tous raccordements seront exécutés d'office aux frais du propriétaire du branchement.

La Compagnie tiendra attachement de ces dépenses qui lui seront remboursées par le propriétaire du branchement ou, à son défaut, par le nouvel abonné, si celui-ci déclare, sous sa responsabilité, être devenu propriétaire de l'ancienne prise d'eau et vouloir en profiter. La remise en service du branchement n'aura lieu qu'après ce remboursement, et après paiement des frais de rattachement.

Art. 17.

Attribution de juridiction.

Lorsque l'abonné ne sera pas domicilié dans le même ressort de justice de paix que le lieu à desservir, il sera tenu de faire dans ce ressort une élection de domicile, qui sera de plein droit attributive de juridiction.

Art. 18.

Frais de timbre et d'enregistrement.

Les frais de timbre et d'enregistrement des demandes d'abonnement et autres pièces relatives à l'abonnement, resteront à la charge de l'abonné; il en sera de même des frais de timbre entraînés par la reproduction du présent règlement.

M ....

rue ....

à ....

.... litres

Somme annuelle ....

Redevance trimestrielle

EAUX ....

COMPTEUR

Location ....

Entretien ....

TOTAL ....

ABONNEMENT

No ....

Date ....

Durée ....

A dater de l'entrée en
jouissance fixée au

PRÉDÉCESSEUR

No ....

M ....

OBSERVATIONS

Les abonnements sont ré-
gis par :
  1° Le traité entre la
Commune et la Compa-
gnie;
  2° Le règlement.

*A défaut de congé, donné
trois mois avant l'expiration
de la présente demande, celle-ci
continuera par tacite reconduction d'année en année.*

*Les frais de timbre et
d'enregistrement des présentes
et autres seront à la charge
des abonnés.*

COMPAGNIE GÉNÉRALE des EAU[X]

SOCIÉTÉ ANONYME. — CAPITAL : 86.250.000 FR.
Siège Social : Rue d'Anjou, 52 — PARIS (8e)

SERVICE DES EAUX DE SAINT=QUAY=PORTRIE[UX]

DEMANDE D'ABONNEMEN[T]
AU COMPTEUR

.... soussigné

demeurant à .... Rue ....
.... No .... élisant domicile dans les
à desservir demand .... à la COMPAGNIE GÉNÉRALE
EAUX, à titre d'abonnement annuel dans la propriété dont ....
.... Rue .... No
à .... la quantité journalière de
.... litres d'eau qu .... déclar ....
devoir être exclusivement employée aux besoins particuliers de ....

  Cette eau sera livrée au compteur moyennant une somme ann[uelle]
de ....
majorée ou diminuée, s'il y a lieu, conformément au règlement sur
abonnements.

.... engag .... à verser la somme qui résu[lte]
de l'application de ce règlement par avance et par trimestre à la COMPAG[NIE]
GÉNÉRALE DES EAUX, à partir de l'entrée en jouissance fixée au ....

  Le .... compteur .... ser .... du diamètre de ....
  Il .... ser .... propriété ....
paier .... pour ....
ce .... appareil .... la somme annuelle de ....
.... majorée ou diminuée conformémen[t au]
règlement sur les abonnements, par trimestre, en même temps que les [redevances]
tances d'abonnement.

  Si sur .... demande .... le service est commencé avan[t la]
date ci-dessus indiquée, il sera établi un décompte proportionnel à la d[urée]
de cette période anticipée, lequel sera payé immédiatement au momen[t de]
cette mise en service.

  Il est entendu que la présente demande de fourniture d'eau sera sou[scrite]
et exécutée aux clauses et conditions du règlement dont ....
reconnais .... avoir pris connaissance et posséder un exemplaire.

    Fait à .... , le .... 19.

CONVENTION

ENTRE LA

VILLE DE SAINT-QUAY-PORTRIEUX

ET LA

COMPAGNIE GÉNÉRALE DES EAUX

en vue de la gestion par la Compagnie du Service des Egouts de la Ville

---

Entre M. DELPIERRE, Officier de la Légion d'Honneur, agissant en qualité de Maire de la Commune de Saint-Quay-Portrieux, dûment autorisé par une délibération du Conseil Municipal en date du 17 septembre 1927, dont copie est ci-annexée,

D'UNE PART,

Et M. Édouard GLASSER, Ingénieur au Corps des Mines, Officier de la Légion d'Honneur, Directeur Général de la Compagnie Générale des Eaux, Société Anonyme, au Capital de 51.250.000 francs, dont le Siège Social est à Paris, rue d'Anjou, n° 52, agissant en ladite qualité et en vertu de la délibération du Conseil d'Administration en date du 5 octobre 1927.

D'AUTRE PART,

Il a été dit et convenu ce qui suit :

EXPOSÉ

La Ville de Saint-Quay-Portrieux possède un réseau d'égouts destiné à l'évacuation à la mer de ses eaux vannes à l'état brut et sans traitement préalable d'épuration.

Ces égouts fonctionnent suivant le procédé dit à chasses d'eau, lequel consiste à évacuer par gravité les eaux vannes des immeubles dans les canalisations d'égouts, à nettoyer ces mêmes canalisations et à évacuer à la mer les dites eaux vannes par des chasses d'eau automatiques.

Le réseau d'égouts est divisé en deux zones :

a) Une zone sud, figurée au plan ci-annexé par une teinte jaune; les eaux vannes sont drainées vers la jetée du port de Portrieux et sont évacuées directement à la mer au point A du plan, quelle que soit la saison;

b) Une zone nord, figurée au même plan par une teinte rose; les eaux du ruisseau de la Marquaise sont recueillies dans le bassin d'une usine de relèvement et là sont évacuées, soit directement à la mer par une conduite de 1 mètre de diamètre au Nord de la Plage de Saint-Quay, teinte bleue et point B du plan ci-annexé), du 30 septembre au 15 juin, soit par refoulement mécanique et automatique de l'usine de relèvement vers la grève dite de la Fontaine (teinte verte et point C du dit plan) du 15 juin au 30 septembre.

L'usine de refoulement est équipée pour refouler automatiquement les eaux afin d'éviter de maintenir en permanence un personnel sur place.

La Ville de Saint-Quay-Portrieux, préférant ne pas gérer par ses propres moyens son service des égouts, a demandé à la Compagnie Générale des Eaux, déjà concessionnaire de son service des eaux, de se charger de cette gestion.

La Compagnie Générale des Eaux ayant accepté, les parties se sont mises d'accord sur les conditions suivantes :

ARTICLE PREMIER

**Remise du réseau d'égouts et des ouvrages
à la Compagnie Générale des Eaux.**

La Ville de Saint-Quay-Portrieux remettra à la Compagnie Générale des Eaux qui accepte, dès la signature de la présente Convention, l'ensemble des égouts publics, communaux et des ouvrages accessoires dont il est parlé ci-dessus en bon état de fonctionnement.

La Compagnie Générale des Eaux s'engage à en assurer dès cette même date le fonctionnement et l'entretien ainsi qu'il est dit aux articles suivants :

ART. 2.

Nature des eaux.

Les eaux évacuées dans les égouts ne pourront être que les eaux ménagères, les eaux de lavage, de toilette et de bains, les urines et matière fécales provenant des immeubles publics ou privés, à l'exclusion des eaux d'arrosage et de lavage des voies publiques, jardins, ou cours d'immeubles, des eaux pluviales, des eaux industrielles, des ordures ménagères et de tous corps solides ou non, de nature à nuire soit à l'entretien, soit au bon fonctionnement des égouts. Notamment, dans aucun cas, les immeubles ne pourront déverser dans les égouts ni liquides corrosifs, ni acides, matières inflammables ou détritus, vapeurs ou eaux dont la température serait supérieure à 50° et en général aucun liquide pouvant nuire à la conservation des égouts.

Par dérogation à ce qui précède, seront évacuées dans le réseau d'égouts vannes de la zone sud les eaux pluviales et de ruissellement recueillies par les bouches d'égouts déjà installées et indiquées en B_1, B_2, B_3, B_4, B_5, B_6, B_7, sur le plan ci-annexé ou autres qui pourraient être jugées nécessaires d'accord avec la Compagnie Générale des Eaux.

ART. 3.

Usine de relèvement. Cas de force majeure.

Exceptionnellement, en cas d'insuffisance des installations de pompage pour une cause quelconque et, en particulier, dans le cas d'un apport d'eau trop important du ruisseau de la Marquaise ou encore dans le cas d'un dérangement des appareils de l'Usine de relèvement et en attendant que la Compagnie Générale des Eaux ait pu prendre en toute diligence les mesures nécessaires, cette dernière pourra évacuer, à toute époque sur la plage de Saint-Quay le trop-plein des eaux de l'Usine qu'il serait impossible de refouler sur la grève de la Fontaine.

Art. 4.

Autorisations de passage, de voirie.

La Commune transmet à la Compagnie Générale des Eaux pour la durée pendant laquelle cette dernière sera chargée de gérer le service, les droits de passage et autorisations quelconques qu'elle peut posséder et ce, sans que la Compagnie Générale des Eaux ait à payer aucun loyer ou redevance d'aucune sorte.

Elle donne également gratuitement à la Compagnie pour la même durée toutes permissions de voirie et autorisations de stationnement qui pourront être utiles en vue du fonctionnement du service.

Elle s'oblige en outre à obtenir et à transmettre à la Compagnie toutes permissions de grande voirie et autorisations de toute nature qui seraient nécessaires et ce, sans qu'il puisse en résulter aucun frais, aucune redevance ni aucune prestation à la charge de la Compagnie.

Art. 5.

Fourniture d'eau des chasses.

Dès la remise du service, et pendant toute la durée de la présente gestion, la Ville fournira à ses frais la quantité d'eau nécessaire au fonctionnement des réservoirs de chasses automatiques à raison de quatre chasses par jour et par réservoir; pendant la saison, ces chasses pourront être réduites d'un commun accord entre la Ville et la Compagnie, sur les tronçons qui seraient en chômage partiel ou total.

A cet effet, la Ville contractera avec la Compagnie tous abonnements utiles aux conditions de son traité de concession du Service d'eau.

La mise en service des tronçons déjà installés et dont les réservoirs de classe ne seraient pas alimentés en eau, sera différée et ne pourra avoir lieu qu'autant que l'alimentation en eau des réservoirs sera assurée dans les conditions prévues ci-dessus.

Art. 6.

Modifications, réparations et extensions du réseau.

Tous les travaux de modification à apporter aux installations remises par la Ville, comme tous les travaux d'extension, seront exécutés par la Compagnie aux frais de la Ville conformément aux projets établis d'un commun accord. Il en est de même en ce qui concerne les travaux de réparations à effectuer, aux installations du service.

Toutefois, la Compagnie prendra à sa charge moyennant le paiement par la Ville des redevances prévues à l'article 13, la fourniture et la mise en place du dispositif nécessaire à l'évacuation des boues de l'usine de relèvement, ainsi que du moteur de secours de cette usine.

Art. 7.

Branchements des immeubles publics.

La Compagnie exécutera aux frais de la Ville tous les travaux d'installation et d'entretien des branchements à l'égout des immeubles ou propriétés publics, ainsi que toutes installations d'hygiène, vespasiennes, et autres affectées à l'usage public.

Les travaux prévus au présent article ainsi qu'à l'article 6 seront payés par la Ville à la Compagnie Générale des Eaux suivant les prix courants de la Série Centrale des Architecte en vigueur au moment de l'exécution des travaux, c'est-à-dire avec la majoration en cours, s'il y a lieu, sur lesquels la Compagnie fera une réduction de 10 %.

Art. 8.

Responsabilité de la Compagnie relative aux travaux.

La Compagnie garantira pendant un an la bonne exécution des travaux de premier établissement ou des réparations qu'elle aura exécutés tant pour le compte de la Commune que pour le compte des particuliers, comme il est indiqué aux articles 15 et 16. Mais, sauf effet de cette garantie, ou sauf faute démontrée de sa part, elle ne sera en aucun cas responsable, ni à l'égard de la Commune, ni à l'égard des tiers, des dommages occasionnés pour quelque cause que ce soit par l'existence ou le fonctionnement des égouts. En particulier, la Compagnie ne sera pas responsable des dommages ou dégâts causés par les interruptions des eaux dans les égouts et les branchements, que ces interruptions soient provoquées par les eaux de haute mer, des encombrements des égouts, des orages, des venues d'eau subites, accidentelles ou artificielles, par des chasses d'eau, ou par toute autre cause.

Cette responsabilité restera, le cas échéant, à la charge de la Commune propriétaire des égouts ou des particuliers propriétaires de leurs branchements.

Art. 9.

Obligations de la Compagnie.

Pendant la durée de sa gestion, la Compagnie supportera les frais d'exploitation relatifs :

— à l'entretien normal, au curage et au fonctionnement des égouts publics, des lavoirs publics, appareils de chasse, regard de visite;
— à la marche de l'usine de relèvement y compris l'entretien courant des machines et appareils. Il est bien entendu que la Compagnie ne sera pas tenue de maintenir à l'usine un personnel mécanicien, le fonctionnement normal des pompes devant avoir lieu par les dispositifs de marche automatique. Elle devra toutefois veiller au bon entretien des appareils, et, en cas de dérangement de ceux-ci ou de manque de courant, assurer d'urgence le refoulement des eaux à l'aide du groupe de secours ou par tels moyens qu'elle jugera utiles.

Art. 10.

Conditions financières.

En rémunération de son service de gestion des égouts, la Commune de Saint-Quay-Portrieux paiera à la Compagnie Générale des Eaux les redevances ci-après :

Pour la 1re année une somme de......... 15.000 fr.
Pour la 2e année une somme de......... 18.000 fr.
Pour la 3e année une somme de......... 21.000 fr.
Pour la 4e année une somme de......... 24.000 fr.
Pour la 5e et les suivantes............. 24.000 fr.

Les paiements auront lieu par douzième à la fin de chaque mois. Si les mensualités ne sont pas versées à leur échéance, elles porteront de plein droit intérêt au taux des avances de la Banque de France, majoré de 2 %. Toutefois, les versements ne pourront être retardés de plus de six mois.

Les annuités ci-dessus correspondent à l'importance actuelle du réseau et de ses accessoires; elles seront augmentées proportionnellement au développement de l'installation.

Il est reconnu à cet effet, que le développement linéaire actuel des canalisations d'égouts est de 8.500 mètres avec :

48 réservoirs de chasse de..............	200 litres
8 réservoirs de chasse de..............	400 litres
8 réservoirs de chasse de..............	1.000 litres

et que l'annuité de 24.000 francs sera augmentée au fur et à mesure de l'accroissement des ouvrages de la manière suivante :

0 fr. 75	par mètre de conduite d'égout.	
50 fr. »	par réservoir de chasse de....	200 litres
75 fr. »	par réservoir de chasse de....	400 litres
100 fr. »	par réservoir de chasse de....	1.000 litres

Les redevances stipulées au présent article ont été fixées d'un commun accord, alors que l'indice des prix de détail Paris, choisi comme régulateur de la valeur de toutes choses, était de 580; elles varieront avec cet indice et dans la même proportion, étant entendu toutefois qu'il ne sera pas tenu compte de variations inférieures à 10 % du chiffre de base 580 de l'indice.

Par suite, chaque fois que l'indice variera de 10 % ou plus par rapport à 580, les redevances ci-dessus spécifiées varieront en plus ou en moins dans la même proportion, à la première échéance qui suivra la publication de l'indice, sans toutefois que les redevances qui résulteront de l'application du dit indice puissent être inférieures à 75 % des sommes prévues ci-dessus au présent article.

Dans le cas où la publication de l'indice susvisé viendrait à ne plus être faite, et si les parties ne se mettaient pas d'accord sur la demande de l'une d'elles pour convenir du choix d'un nouvel indice, cette question serait arbitrée à la requête de la partie la plus diligente par M. le Président du Conseil de Préfecture qui aura dans son ressort le Département des Côtes-du-Nord.

Art. 11.

Dépenses de courant ou de combustible.

La Ville remboursera à la Compagnie Générale des Eaux toutes ses dépenses de courant et de combustible de l'usine de relèvement, dans le mois qui suivra la production des factures des fournisseurs.

Art. 12.

Réparations importantes.

Toute réparation à effectuer aux machines et d'une valeur supérieure à 1.000 fr. ne sera pas considérée comme simple dépense d'entretien et sera remboursée par la Ville à la Compagnie sur production de la facture.

Il est entendu également, que les travaux de curage ou de dégorgement exceptionnel des conduites qui nécessiteraient l'ouverture de fouilles, ainsi que la dépose et la repose de certains éléments de conduites, seront assimilés à des travaux de grosse réparation et seront exécutés comme tels au compte de la Ville et payés par elle comme il est dit à l'article 7.

Art. 13.

Frais d'installation de l'usine de relèvement d'un groupe de secours et d'un dispositif de vidange des boues.

Pendant une période de 10 ans, à partir de la mise en service, la Ville versera à la Compagnie une somme annuelle de 6.000 francs à titre d'intérêts et d'amortissement des dépenses d'installation du dispositif de vidange des boues et du groupe de secours de l'usine de relèvement, à moins que la Ville ne préfère s'acquitter en un seul versement de la valeur de l'installation fixée au chiffre forfaitaire de 40.000 francs; dans ce cas, cette somme serait payée au plus tard dans les trois mois qui suivront la prise du service de l'exploitation des égouts de Saint-Quay-Portrieux par la Compagnie.

Passé ce délai, la Ville sera réputée choisir le paiement par annuités de 6.000 francs comme il est dit ci-dessus.

Art. 14.

Demandes d'autorisation de déversement des particuliers.

Les propriétaires ou locataires des immeubles ne pourront être reliés à l'égout et y déverser leurs eaux-vannes qu'après avoir signé une demande de déversement à la Compagnie.

Ces demandes seront conformes au modèle ci-annexé. La Compagnie tiendra la Commune au courant de toutes les installations demandées. A cet effet, les demandes devront être revêtues du visa de la Mairie.

Les frais de timbre et d'enregistrement seront à la charge des usagers.

Art. 15.

Liaison des immeubles aux égouts.

Toute propriété, tout immeuble public ou privé en bordure des rues pourvues d'un égout pourra se raccorder à cet égout avec autorisation de la Commune et de la Compagnie et s'il remplit les conditions suivantes :

Le raccordement aura lieu au moyen d'un branchement spécial à la propriété, installé sous la voie publique depuis l'égout jusqu'au siphon placé immédiatement à l'entrée de la propriété, et sur lequel viendront se raccorder les tuyaux d'évacuation intérieurs.

La Compagnie déterminera dans chaque cas l'emplacement des branchements, la pente et le diamètre des conduites et siphons, ainsi que la nature des tuyaux qui pourront être en grès, ciment, ou tout autre matériau équivalent, à son choix exclusif.

Dans aucun cas, la diamètre du branchement ne pourra être inférieur à 150 millimètres. Un branchement de ce diamètre sera muni d'un siphon de 100 millimètres.

La pente du branchement ne sera pas inférieure à 3 centimètres par mètre en tout point de son tracé. Par suite, la Compagnie se réserve d'examiner s'il est possible de raccorder un immeuble dont les dispositions ne permettraient pas de donner au branchement la pente réglementaire et de refuser, le cas échéant, d'exécuter tout raccordement à l'égout.

Les canalisations établies pour l'écoulement des eaux vannes et ménagères seront entièrement distinctes des canalisations d'évacuation des eaux pluviales ou de ruissellement des cours et jardins. Les deux systèmes de canalisations n'auront aucun point de communication.

Les canalisations d'eau vannes et ménagères seront seules raccordées au branchement à l'égout. Elles seront aménagées de manière à assurer leur bonne ventilation.

Pour être et rester reliée au réseau d'égouts, toute propriété devra toujours être desservie d'eau en quantité reconnue suffisante par la Compagnie.

Tous les appareils d'évacuation, W. C., lavabos, baignoires, buanderies, etc..., devront être munis de siphons de dimensions appropriées, et interposés entre l'appareil et les tuyaux d'évacuation. L'emploi d'appareils à chute directe et notamment des sièges de W. C. de ce genre est formellement interdit.

Les W. C. seront équipés avec des réservoirs de chasse d'une capacité minimum de 5 litres.

Les propriétaires des immeubles déjà raccordés aux égouts devront apporter toutes modifications utiles à leurs installations intérieures et à leurs branchements en vue de se conformer aux prescriptions de la présente convention.

La Compagnie aura toujours le droit de vérifier avant tout raccordement que les installations intérieures remplissent bien les conditions requises. Elle pourra par la suite, procéder à toutes vérifications de ces installations qu'elle jugera utiles.

Les usagers ne pourront s'opposer aux vérifications ci-dessus qu'ils devront au contraire faciliter et ce dans leur propre intérêt.

La Compagnie n'assumera cependant aucune responsabilité à l'égard des usagers du fait de ces vérifications.

ART. 16.

Frais d'embranchement, de réparations, etc...

Les travaux pour la construction, les réparations, l'entretien, le curage, la démolition des branchements d'égouts seront obligatoirement exécutés par la Compagnie ou son entrepreneur sur toute la longueur s'étendant sous les voies publiques, comme il est dit à l'article 15 précédent, sur la demande et aux frais des usagers.

Ces travaux seront payés par les propriétaires à la Compagnie Générale des Eaux ou à son entrepreneur suivant les prix courants de la Série Centrale des Architectes en vigueur au moment de l'exécution des travaux, c'est-à-dire avec la majoration en cours, s'il y a lieu, sur lesquels la Compagnie fera une réduction de 10 %.

Dans le cas d'obstruction du branchement, le propriétaire devra en prévenir immédiatement la Compagnie.

Celle-ci exécutera d'ailleurs d'office toutes les réparations ou modifications dont elle aurait été amenée à constater la nécessité ou que la Ville pourrait ordonner lorsqu'un branchement deviendra inutilisé pour une raison quelconque. La Compagnie effectuera à la demande de la Ville la suppression du raccord dudit branchement avec l'égout ou le branchement lui-même. Tous les travaux exécutés d'office seront faits aux frais du propriétaire.

Les usagers étant seuls propriétaires, gardiens et surveillants responsables des branchements installés par les soins de la Compagnie, celle-ci ne pourra encourir au sujet de ces branchements aucune responsabilité que celle de la bonne exécution des travaux dont l'entreprise lui est confiée par le présent article. En outre elle sera de plein droit déchargée de cette responsabilité d'entrepreneur, dès qu'une année se sera écoulée depuis l'exécution des travaux.

Art. 17.

Paiement des travaux.

Dès que les travaux relatifs à un branchement auront été exécutés, le mémoire sera remis à l'usager qui devra en effectuer le paiement à présentation de la quittance de la Compagnie.

Art. 18.

Durée de la concession, période d'essai.

La Compagnie exploitera le service des égouts conformément aux conditions qui précèdent pendant une période fixée en principe à la durée de son traité de concession d'eau avec la Commune de Saint-

Quay-Portrieux. Toutefois, la Compagnie et la Ville auront chacune la faculter d'en demander la révision ou même la résiliation pour la période restant à courir après les cinq premières années d'exploitation. Si la Compagnie ou la Ville usent de cette faculté, elles devront l'une comme l'autre le signifier six mois avant l'expiration de la première période de 5 ans et faire connaître en même temps à l'autre partie les conditions nouvelles moyennant lesquelles serait continuée la gestion du service.

En outre, la Compagnie aura le faculté de demander la révision ou la résiliation de la présente convention, à l'expiration de chacune des 4 premières années, dans le cas où elle trouverait insuffisantes les redevances prévues par le premier alinéa de l'article 10. Si elle use de cette faculté, elle devra en aviser la Commune avant le 1er octobre précédant l'expiration de chacune des années. La première année commencera à courir le 1er janvier 1928.

A défaut d'entente intervenue en temps utile entre les parties, la Compagnie remettra le service à la Commune qui le gérera par ses propres moyens à partir du premier jour de la 6e année.

Art. 19.

Fin de la concession. Remise des ouvrages à la Ville.

A l'expiration de la présente convention à l'une des dates indiquées ci-dessus, la Commune de Saint-Quay prendra purement et simplement possession du service des installations dont la jouissance et l'exploitation sont données à la Compagnie Générale des Eaux par les présentes, le tout dans l'état où les dits services et installations se trouveront à l'expiration du traité, compte tenu de toutes les additions, suppressions ou remplacement de matériel auxquels la Compagnie aurait procédé, et ce, sans que la Commune ait à payer ou à réclamer à la Compagnie aucune indemnité pour quelque cause que ce soit, sous la seule réserve que le tout soit en bon état d'entretien.

La Commune n'aura, bien entendu, aucun droit ni sur les magasins de la Compagnie, ni sur l'immeuble dans lequel pourront être installés ses bureaux, ateliers ou magasins.

Du fait de la reprise du service, la Commune se substituera à la Compagnie en ce qui concerne les droits et obligations que cette dernière aurait pu contracter à l'égard de tous tiers du fait de l'exploitation du service des égouts qui fait l'objet du présent traité.

ART. 20.

Conditions à laquelle la convention deviendra définitive.

La présente convention ne deviendra définitive qu'après son approbation par l'autorité préfectorale.

ART. 21.

Frais de timbre et d'enregistrement.

Les frais de timbre et d'enregistrement de la présente convention seront à la charge de la Ville.

ART. 22.

Élection de domicile.

Pour l'exécution des présentes, domicile est élu respectivement :
Pour la Ville : à la Mairie,
Pour la Compagnie Générale des Eaux : au Siège Social, 52, rue d'Anjou, à Paris.

Fait à Paris, le 20 décembre 1927.

Lu et approuvé :	Lu et approuvé :
Le Maire,	*Le Directeur Général de la*
Signé : Delpierre.	*Compagnie Générale des Eaux,*
	Signé : E. Glasser.

Vu et approuvé :
Saint-Brieuc, le 16 janvier 1928.

Pour le Préfet,
Le Sous-Préfet délégué :

Signé : Illisible.

Enregistré à Binic, le 24 mars 1928, Nº 562. Reçu : vingt-deux francs cinquante centimes.

Signé : Bouillon.

COMPAGNIE GÉNÉRALE DES EAUX

Société Anonyme - Capital : 51.250.000 francs

Siège Social : 52, Rue d'Anjou — PARIS (8e)

SERVICE DE SAINT-QUAY-PORTRIEUX

Bureau : Ker Neptune, Boulevard du Maréchal-Foch

RÈGLEMENT DES DÉVERSEMENTS AUX ÉGOUTS

ARTICLE PREMIER

Demandes de déversement.

Dans les rues pourvues d'un égout public, les propriétaires des immeubles riverains pourront demander de déverser à l'égout, par l'intermédiaire d'un branchement particulier, leurs eaux vannes et ménagères.

Tout propriétaire désireux de se brancher à l'égout public devra signer une demande de déversement sur timbre, à la Compagnie Générale des Eaux. Cette demande, faite pour un an, pourra prendre effet du 1er janvier ou du 1er juillet de chaque année. Elle se renouvellera par tacite reconduction d'année en année, faute d'avoir été dénoncée par l'abonné trois mois avant le terme.

La Compagnie pourra refuser le raccordement à l'égout public si elle juge que la maison à desservir n'est pas suffisamment alimentée en eau. Elle ne pourra toutefois opposer de refus pour cette raison si la propriété est desservie par un abonnement aux eaux de la Ville.

ART. 2.

Déversements prohibés.

En aucun cas les propriétaires ne pourront envoyer dans les égouts ni liquides corrosifs ou acides insuffisamment dilués, matières inflammables ou détritus, vapeurs ou eaux dépassant 50° et en général tous liquides pouvant nuire à la santé des ouvriers ou à la conservation des égouts, ni des produits résiduaires solides autres que les matières fécales.

Les abonnés ne pourront non plus évacuer dans leur branchement particulier les eaux industrielles, les eaux pluviales et les eaux de lavage et d'arrosage des cours d'immeubles et jardins.

ART. 3.

Installations intérieures.

Les propriétaires pourront disposer comme ils l'entendront les installations sanitaires à l'intérieur de leurs immeubles pourvu qu'elles soient conformes au règlement d'hygiène de la Ville et remplissent les conditions qui suivent :

Les canalisations établies pour l'écoulement des eaux vannes et ménagères seront entièrement distinctes des canalisations d'évacuation des eaux pluviales ou de ruissellement des cours et jardins. Les deux systèmes de conduites n'auront aucun point de communication.

Les canalisations d'eaux vannes et ménagères seront seules raccordées au branchement à l'égout. Elles seront aménagées de manière à assurer une bonne ventilation.

Tous les appareils d'évacuation : W.-C., lavabos, baignoires, éviers, etc., devront être munis de siphons interposés entre l'appareil et les tuyaux d'évacuation. L'emploi des appareils à chute directe et notamment des sièges de W.-C. de ce genre est absolument interdit.

Les W.-C. seront équipés avec des réservoirs de chasse d'une capacité minimum de 5 litres.

Toutes les installations intérieures devront faire l'objet d'un croquis coté dont un exemplaire devra être remis à la Compagnie.

La Compagnie aura toujours le droit de vérifier avant tout raccordement que les installations intérieures remplissent bien les conditions requises, et de refuser tout raccordement si elles ne sont pas remplies. Elle pourra par la suite procéder à toute vérification de ces installations qu'elle jugera utile et demander toute modification destinée à rendre l'installation intérieure conforme au règlement.

Les abonnés ne pourront s'opposer aux vérifications ci-dessus qu'ils devront au contraire faciliter dans toute la mesure de leurs moyens.

La Compagnie n'assumera cependant aucune responsabilité à l'égard des abonnés du fait de ces vérifications.

En cas de refus des abonnés d'autoriser les vérifications dont il est fait mention plus haut, la Compagnie aura le droit de couper le branchement particulier aux frais de l'abonné, pour éviter tout déversement irrégulier aux égouts. Il en sera de même si l'abonné refuse d'exécuter les modifications demandées par la Compagnie conformément au règlement.

Les propriétaires des immeubles déjà raccordés aux égouts devront, s'il est nécessaire, apporter toute modification utile à leurs branchements pour les rendre conformes au règlement, faute de quoi ils ne seront plus autorisés à se déverser dans l'égout public et leur branchement sera coupé d'office et à leurs frais par la Compagnie, qui n'encourra de ce fait aucune responsabilité.

Art. 4.

Travaux de branchement.

· Les eaux et matières dont le déversement est autorisé seront conduites à l'égout public par l'intermédiaire d'un branchement particulier, qui sera exécuté par la Compagnie Générale des Eaux ou son entrepreneur aux frais exclusifs des propriétaires ou abonnés. Ces travaux seront exécutés aux prix de la Série de la Société Centrale des Architectes, avec s'il y a lieu les majorations en cours au jour de l'exécution des travaux, et affectés d'un rabais de 10 %.

Art. 5.

Unité de branchement.

Chaque immeuble formant habitation distincte devra avoir un branchement spécial. Sauf autorisation écrite de la Compagnie, que celle-ci aura toujours le droit de refuser, aucun branchement particulier ne pourra être raccordé sur le branchement particulier d'une autre propriété. Tout abonné devra s'opposer au raccordement d'un autre branchement sur le sien.

Art. 6.

Nature des branchements.

Le branchement sur la voie publique sera établi en tuyaux de ciment ou en grès vernissé, ou en tous autres matériaux qui seraient agréés par la Compagnie.

Il sera obligatoirement raccordé à l'égout par une culotte oblique ou par une chambre enterrée facilement visitable.

Une seule chambre pourra, au besoin, recevoir l'aboutissement de plusieurs branchements.

Les diamètres des branchements seront fixés par la Compagnie. En aucun cas ils ne pourront être inférieurs à 150 millimètres ni supérieurs au diamètre de l'égout public correspondant.

La pente d'un branchement ne sera inférieure à 3 centimètres par mètre en aucun point de son tracé. Toutefois la Compagnie pourra examiner la possibilité de raccorder tout immeuble dont les dispositions ne permettraient pas de donner au branchement la pente réglementaire, et, au besoin, de refuser dans ce cas tout raccordement à l'égout.

En tête de chaque branchement particulier se trouvera obligatoirement un siphon de diamètre inférieur à celui dudit branchement. Ce siphon, muni de bouchons operculaires, devra se trouver en cave ou dans un regard visitable. Si le branchement est de 150 millimètres, le siphon sera de 100 millimètres. Ce siphon se trouvera le plus près possible de la limite de la propriété.

Art. 7.

Travaux à effectuer par la Compagnie.

Les travaux pour la construction, les réparations, l'entretien, le curage et la démolition des branchements d'égouts seront exécutés sur toute la longueur comprise entre le siphon et le collecteur public, par la Compagnie, sur la demande et aux frais, risques et périls des propriétaires aux prix indiqués à l'article 4 ci-dessus.

Dans le cas d'obstruction du branchement, le propriétaire devra en prévenir immédiatement la Compagnie.

Toutefois celle-ci exécutera d'office toutes les réparations dont elle aurait été amenée à constater la nécessité, ou que la Ville pourra ordonner lorsqu'un branchement deviendra inutilisé pour une raison quelconque. La Compagnie exécutera, à la demande de la Ville, la suppression du raccord dudit branchement avec l'égout ou du branchement lui-même. Tous les travaux exécutés d'office le seront aux frais des propriétaires.

ART. 8.

Responsabilité.

Les abonnés étant seuls propriétaires, gardiens et surveillants responsables des branchements installés par les soins de la Compagnie, celle-ci ne pourra encourir à leur sujet aucune responsabilité que celle de bonne exécution des travaux. En outre, la Compagnie sera de plein droit déchargée de cette responsabilité d'entrepreneur, dès qu'une année sera écoulée depuis l'exécution des travaux. Les propriétaires devront également prendre toutes les précautions nécessaires afin que les eaux des égouts publics ne puissent faire irruption dans leurs propriétés par leurs branchements. La Compagnie ne pourra, en aucun cas, être rendue responsable de ces irruptions, qu'elles aient été provoquées par les eaux de haute mer, par les encombrements dans les égouts publics, par les orages, les venues d'eau subites accidentelles ou artificielles, par les chasses d'eau ou tout autre motif.

ART. 9.

Paiement des travaux.

La Compagnie pourra n'entreprendre les travaux de branchements, d'entretien, de curage, qu'après consignation par l'abonné du montant présumé des travaux tel que la Compagnie l'arbitrera; ou, si elle le juge suffisant, qu'après avoir obtenu du propriétaire la reconnaissance écrite contenant promesse de payer. Cette disposition ne s'applique pas aux travaux à exécuter d'office.

Dès que les travaux relatifs à un branchement auront été exécutés, le mémoire sera remis à l'abonné qui devra en effectuer le paiement à présentation de la quittance de la Compagnie sous peine des poursuites que de droit.

Tous les paiements devront être effectués en espèces à la caisse de la Compagnie à Saint-Quay-Portrieux.

Art. 10.

Élection de domicile.

Pour l'exécution des demandes de déversement et suites, les abonnés feront élection de domicile dans les immeubles faisant l'objet des dites demandes et cette élection de domicile sera attributive de juridiction. La Compagnie, de son côté, fait élection de domicile à son bureau à Saint-Quay-Portrieux.

Art. 11.

Timbre et enregistrement.

Les frais de timbre et d'enregistrement des demandes de déversement et autres seront supportés par les abonnés.

VILLE DE ST-QUAY-PORTRIEUX

———

Situation du branchement

....

N⁰.......................................

———

*Situation
de la maison desservie*

....

Villa.......................................

———

M ....

concessionnaire

———

Date d'entrée en jouissance

1er.......................................

———

Prédécesseur

N⁰.......................................

M ....

———

BUREAU
"KER NEPTUNE"
Boulevard du Maréchal-Foch

———

COMPAGNIE GÉNÉRALE des EAU[X]

SOCIÉTÉ ANONYME — CAPITAL : 51.250.000 FR.

Siège Social : Rue d'Anjou, 52 — PARIS (8ᵉ)

SERVICE DE SAINT-QUAY-PORTRIE[UX]

Bureau : " Ker Neptune " - Boulevard du Maréchal-[Foch]

DEMANDE DE DÉVERSEMENT AUX ÉGOUTS

.... *soussigné* ....

demeurant à ....

Rue... *n⁰* .... *propri[é]*

de l'immeuble sis à Saint-Quay-Portrieux, rue..................................

.... *villa* .... *demande*..............

COMPAGNIE GÉNÉRALE DES EAUX *l'autorisation de déverser les* [eaux]
ménagères et les matières fécales de la propriété indiquée ci-dessus dans le r[éseau]
des Egouts publics par l'intermédiaire d'un branchement dont..............
reconnais.................. *être propriétaire.*

En cette dernière qualité, ...*déclar*.......... *que le brancheme[nt]*
l'égout désigné ci-dessus desser ....

suivant état des lieux, ne reçoit ni eaux pluviales ni eaux industriell[es]
..................*oblig*.......... *à ne pas recevoir dans*.......... *conduit*.........., *sans au[tori]*
sation écrite de la Compagnie Générale des Eaux, les eaux des propriétés voi[sines]
et à faciliter par tous les moyens en mon pouvoir toutes vérifications et sup[pres]
sions reconnues nécessaires.

..................*soussigné*.......... *engag.* .... à .... *conform[e à]*
toutes les clauses et conditions du Règlement sur les déversements aux é[gouts]
actuellement en vigueur, dont.......... *reconnais*.......... *avoir pris connaiss[ance]*
et posséder un exemplaire et aux modifications qui pourraient être ultérieure[ment]
apportées à ce règlement après approbation des autorités compétentes.

..................*engage*.......... *à prévenir la Compagnie dans le cas de mutatio[n de]*
..................*propriété et à supporter les frais de timbre et d'enregistremen[t s'il]*
y a lieu.

Pour l'exécution du présent engagement.......... *fais*.......... *élection[de]*
domicile en l'immeuble susdésigné, objet de la présente demande, et cette éle[ction]
est attributive de juridiction.

ST-QUAY-PORTRIEUX, le.......................... *mil neuf cent*..............

TABLE DES MATIÈRES

Avenant n° 2 des 24 juin et 17 juillet 1933

Règlement sur les Abonnements

Convention du 20 décembre 1937
en vue de la création du Service des Egouts

Règlement des Déversements aux Egouts

Imp. Oberthur, Rennes-Paris (606-3-38)

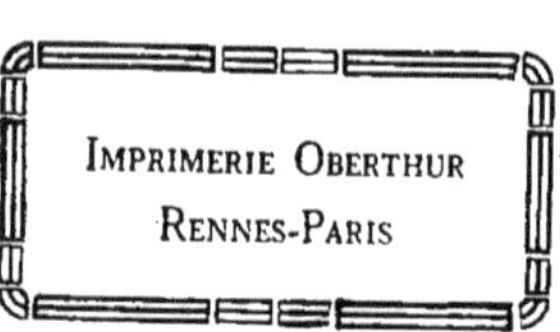

IMPRIMERIE OBERTHUR
RENNES-PARIS